Da Aquisição Originária do Direito sobre a Marca (uso *vs.* registo)

Da Aquisição Originária do Direito sobre a Marca (uso *vs.* registo)

2014

André Sousa Marques
Mestre em Direito
Docente na Coimbra Business School-ISCAC
Advogado e Jurisconsulto

DA AQUISIÇÃO ORIGINÁRIA
DO DIREITO SOBRE A MARCA
(USO *VS.* REGISTO)
AUTOR
André Sousa Marques
EDITOR
EDIÇÕES ALMEDINA, S.A.
Rua Fernandes Tomás, nºs 76-80
3000-167 Coimbra
Tel.: 239 851 904 · Fax: 239 851 901
www.almedina.net · editora@almedina.net
DESIGN DE CAPA
FBA.
PRÉ-IMPRESSÃO
EDIÇÕES ALMEDINA, S.A.
IMPRESSÃO E ACABAMENTO
DPS - DIGITAL PRINTING SERVICES, LDA
Novembro, 2014
DEPÓSITO LEGAL
384228/14

Apesar do cuidado e rigor colocados na elaboração da presente obra, devem os diplomas legais dela constantes ser sempre objecto de confirmação com as publicações oficiais.
Toda a reprodução desta obra, por fotocópia ou outro qualquer processo, sem prévia autorização escrita do Editor, é ilícita e passível de procedimento judicial contra o infractor.

 | GRUPOALMEDINA

BIBLIOTECA NACIONAL DE PORTUGAL – CATALOGAÇÃO NA PUBLICAÇÃO

MARQUES, André Sousa

Da aquisição originária do direito sobre
a marca. - (Monografias)
ISBN 978-972-40-5736-1

CDU   347

À minha avó, Maria Antónia

NOTA PRÉVIA (AGRADECIMENTOS)

O estudo que ora se publica corresponde, com algumas alterações, ao relatório de doutoramento em Direito, na especialidade de Ciências Jurídico-Empresariais, que apresentei, no ano letivo de 2012/13, na Faculdade de Direito da Universidade de Lisboa, no âmbito do seminário de Direito Comercial, dedicado ao tema *«problemas atuais da propriedade industrial»*, sob a regência do Senhor Professor Doutor Luís Menezes Leitão e do Senhor Professor Doutor Dário Moura Vicente, o qual foi classificado com 18 valores.

Constituiu a elaboração do mesmo uma profícua viagem pelos caminhos da propriedade industrial e da concorrência desleal, segmentos da ciência jurídica incontornáveis para quem lida, principalmente no âmbito de uma atividade jurídica, com o mundo empresarial. Procurei com este trabalho dar um contributo importante para o estudo do Direito da Propriedade Industrial em Portugal e é com grande satisfação e entusiasmo que torno agora público o produto da minha investigação.

Não obstante não dizer, diretamente, respeito ao presente trabalho – ainda que indiretamente com ele esteja relacionado –, não poderia deixar de aproveitar esta nota prévia para, relatando um período da minha vida sem a ultrapassagem do qual não teria ingressado no curso de doutoramento e, consequentemente, esta publicação não teria visto a luz do dia, deixar profundos agradecimentos, principalmente àqueles que, nesse período, foram – quase literalmente – os meus braços.

Por causa de lesões traumáticas nos dois ombros, fiquei, em finais de julho de 2009, precisamente na fase mais intensa da parte letiva do mestrado – a da ultimação dos relatórios finais projetados ao longo de todo o ano letivo, que culmina com a sua entrega em meados de setembro –, praticamente impossibilitado de digitar e de manuscrever, vendo-me, por isso, quase forçado a desistir do curso de mestrado científico em Ciências Jurídicas, na Faculdade de Direito da Universidade de Lisboa. Não o fiz: ainda que com extraordinárias dificuldades, conseguiria concluir o mestrado. Mas a minha resistência teve um suporte: a minha família e namorada constituíram, comigo, uma equipa sem a qual, dado o revés suprarreferido, não teria, de modo algum, sido possível concluir a parte letiva do mestrado.

Quero, assim, tornar público, por intermédio desta breve nota, os seguintes agradecimentos. Aos meus pais, pela constante motivação e apoio: relembro a minha mãe, que, num momento em que estava já no meu limite – dada a angústia causada pela incapacidade de digitar e de manuscrever, sobrevinda precisamente num momento da vida em que, porventura, mais precisei de o fazer e pelo qual tanto ansiei: o momento da elaboração dos meus primeiros trabalhos de investigação científica de nível pós-graduado –, diligenciou, junto do Núcleo de Formação Pós-Graduada da Faculdade de Direito da Universidade de Lisboa, pelo adiamento do prazo para a entrega de 2 dos 6 relatórios de mestrado – exigência, diga-se, inédita na referida Faculdade, que só nos anos letivos de 2008/09 e 2009/10 vigorou, pois, quer nos anos anteriores, quer nos anos posteriores, apenas se exigiu e exigiria a entrega de 3 relatórios finais, portanto, metade dos que elaborei –, adiamento esse que, inicialmente, achei não ser possível ser concedido e sem o qual nunca teria sido exequível a conclusão dos 2 referidos relatórios; recordo o meu pai, pelos textos por mim manuscritos que pacientemente digitou e pela força que sempre me transmitiu. Aos meus irmãos, pela ajuda, salientando o meu irmão Filipe Sousa Marques, que, generosamente, digitou várias horas de texto fonográfico por mim produzido, convertendo-o – nomeadamente através do seu aperfeiçoamento sintático – para uma linguagem escrita. Um especial e profundo agradecimento dirijo à minha namorada, Ana Raquel Baião Roque, que, com uma extraordinária entrega, transcreveu, digitando, intermináveis linhas de texto dos relatórios finais, numa primeira fase manuscrito e numa segunda fase – quando a manuscrita se tornou também para mim impossível – fonográfico, adaptando este último a um discurso escrito, dedicando, ademais, largas dezenas de horas a, com grande paciência, acompanhar-me – digitando a minha palavra falada e dando, também, o seu contributo para a correção das frases ao nível da sintática e da pontuação – no meticuloso processo de ultimação do texto dos relatórios de mestrado.

O meu agradecimento dirijo, também, à empresa portuguesa Voiceinteraction, pela generosa cedência temporária do direito de utilização de um conversor de voz em texto, pela mesma criado – o VoxControl –, o qual, porque soube da sua existência após a conclusão da fase letiva do mestrado, acabaria por ser decisivo na elaboração de grande parte da minha dissertação de mestrado.

Quero deixar, também, o meu agradecimento ao Senhor Professor Doutor Abel Nascimento, médico especialista em microcirurgia nervosa, e à sua equipa, que, no dia 3 de outubro de 2011, por intermédio de uma intervenção cirúrgica, me libertaram, quase totalmente, do acima referido problema que me perseguiu durante 2 anos e 2 meses.

Enfim, pude, então, concluir, em 2012, a tese de mestrado, para a qual muito contribuiu, na qualidade de orientador, o Senhor Professor Doutor Manuel Januário da Costa Gomes, a quem deixo um enorme agradecimento, especialmente por sempre ter valorizado o meu trabalho, nomeadamente por ver, como poucos o fariam, no relatório entregue na parte letiva do mestrado no âmbito do seminário de Direito Comercial por si coordenado – que viria a constituir a minha primeira publicação por si impulsionada –, o valor da sua substância escondido por detrás de uma forma prejudicada por todas as dificuldades referidas, o que, devo dizê--lo, só foi possível devido à sua extraordinária e abnegada entrega à atividade docente.

Transpostos os obstáculos supramencionados, pude matricular-me, em 2012, no curso de doutoramento acima referido, no âmbito do qual surgiu o trabalho que ora publico.

Quero agradecer, por fim, e relativamente a este estudo em concreto, ao Senhor Professor Doutor Luís Menezes Leitão e ao Senhor Professor Doutor Dário Moura Vicente. Por um lado, o tema do estudo é da sua inteira responsabilidade; por outro, a sua estrutura constitui o produto de uma importante reformulação da versão inicial feita com base nas preciosas críticas tecidas pelos referidos Professores na sequência da exposição oral do presente trabalho.

Coimbra, 27 de outubro de 2014

André Sousa Marques

CITAÇÃO DE ARTIGOS E JURISPRUDÊNCIA

Os artigos mencionados sem a subsequente referência ao diploma a que pertencem devem ser considerados como pertencentes ao Código da Propriedade Industrial, aprovado pelo DL n.º 36/2003, de 5 de março, salvo se resultar do contexto a sua pertinência a outra fonte.

As citações de fonte estrangeira far-se-ão preferencialmente em língua portuguesa, sendo as traduções da responsabilidade do autor.

A jurisprudência citada sem a referência ao local da sua publicação encontra-se disponível no sítio da Internet www.dgsi.pt.

LISTA DE ABREVIATURAS

ADI	–	Actas de Derecho Industrial (Espanha)
AM	–	Acordo de Madrid relativo ao Registo Internacional de Marcas
BFDC	–	Boletim da Faculdade de Direito de Coimbra
BGB	–	*Bürgerliches Gesetzbuch* (Alemanha)
CC	–	Código Civil português
CCit	–	Código Civil italiano
CJ	–	Colectânea de Jurisprudência
CPI	–	Código da Propriedade Industrial de 2003
CPI1940	–	Código da Propriedade Industrial de 1940
CPI1995	–	Código da Propriedade Industrial de 1995
CPIfr	–	*Code de la propriété intellectuelle* (França)
CPIit	–	*Codice della proprietà industriale* (Itália)
CRC	–	Código do Registo Comercial
CRP	–	Constituição da República Portuguesa
CRPr	–	Código do Registo Predial
CSC	–	Código das Sociedades Comerciais
CUP	–	Convenção da União de Paris para a Proteção da Propriedade Industrial
DL	–	Decreto-Lei
DM	–	Diretiva 2008/95/CE do Parlamento Europeu e do Conselho, de 22 de Outubro de 2008, que aproxima as legislações dos Estados--Membros em matéria de marcas
IHMI	–	Instituto de Harmonização do Mercado Interno
INPI	–	Instituto Nacional da Propriedade Industrial
LMes	–	Ley de Marcas (Lei n.º 17/2001, de 7 de dezembro – Espanha)
LPI	–	Lei da Propriedade Industrial (constante da Carta de Lei de 21 de maio de 1896)

MG — *Markengesetz* (Alemanha)
OMPI — Organização Mundial da Propriedade Intelectual
PAM — Protocolo relativo ao Acordo de Madrid
PTO — *Patent and Trademark Office* (Estados Unidos da América)
RDC — *Rivista di Diritto Commerciale* (Itália)
RDI — *Rivista di Diritto Industriale* (Itália)
RLJ — Revista de Legislação e de Jurisprudência
RMC — Regulamento (CE), n.º 207/2009, do Conselho, de 26 de fevereiro de 2009, sobre a marca comunitária
RNPC — Registo Nacional de Pessoas Colectivas
ROA — Revista da Ordem dos Advogados
STJ — Supremo Tribunal de Justiça
TLRA — *Trademark Law Revision Act* de 1988 (Estados Unidos da América)
TRIPS — *Acordo sobre os Aspetos dos Direitos de Propriedade Intelectual Relacionados com o Comércio (Agreement on Trade-Related Aspects of Intellectual Property Rights)*
TRP — Tribunal da Relação do Porto
UKTA — *United Kingdom Trademark Act* (Reino Unido)
USC — *United States Code* (Estados Unidos da América)
USTA — *United States Trademark Law* (Estados Unidos da América)
VL — *Varemærkelov* (Dinamarca)

§ 1º INTRODUÇÃO

1. Perspetiva de análise do tema

I – Estando o presente estudo subordinado ao tema «da aquisição originária do direito sobre a marca»[1], procura-se, através do mesmo, indagar por que vias se obtém o direito originário privativo[2] sobre uma marca.

Alude-se a *aquisição originária*, por oposição a aquisição derivada. Do que se trata é, portanto, de averiguar por que modo se adquire o *primitivo* direito sobre a marca. Fica, portanto, fora do âmbito desta investigação, a

---

[1] Opta-se pela expressão "direito sobre a marca", em detrimento da comumente usada "direito à marca", bem como da menos usada "direito de marca", adotada, por exemplo, por Couto Gonçalves, *Manual de Direito Industrial – Propriedade industrial e concorrência desleal*, 3ª ed., Coimbra 2012, p. 167. Quanto a esta última, entendemos não ser a expressão mais correta, porquanto não está em causa uma categoria abstrata de direitos, como, *verbi gratia*, se verifica nos conceitos jurídicos "direito de propriedade" ou "direito de usufruto". É que o vocábulo "marca", no contexto em que é usado, designa precisamente o objeto do direito, o que não ocorre quando se usa o vocábulo "propriedade" ou "usufruto" no contexto das expressões acima citadas. Assim, por exemplo, se parece adequada a afirmação "*A* tem o direito de propriedade sobre o automóvel *Y*", o mesmo já não se pode dizer perante a expressão "*A* tem um direito de automóvel". Quando muito, aceitar-se-ia a expressão "*A* tem direito ao automóvel". Assim, porque a palavra "marca", no âmbito da expressão "direito de marca", designa o próprio objeto do direito, e não a sua *categoria abstrata*, entendemos ser "direito sobre a marca" a expressão mais adequada, razão pela qual a utilizaremos ao longo deste estudo.

[2] Não cabe, no presente estudo, a análise da questão da natureza jurídica dos direitos privativos intelectuais. Sobre esse aspeto, pode ver-se, entre outros, Oliveira Ascensão, *Direito Comercial, vol. II – Direito Industrial*, Lisboa, 1988, pp. 389-413, Couto Gonçalves, *Manual de Direito Industrial* cit., pp. 22 a 30. Na doutrina estrangeira, pode ver-se, sistematizando as várias teorias sobre o tema, Baylos Corroza, *Tratado de derecho industrial*, 2ª ed., Madrid, 1993, p. 373 e ss..

análise da génese dos direitos adquiridos sobre a marca, quer por transmissão, quer por concessão de licenças de exploração.

No que diz respeito ao *modo de aquisição* do direito, procurar-se-á indagar qual o *peso* do *uso* e do *registo* nessa aquisição. Como veremos, existe alguma tensão, quer a nível dos ordenamentos nacionais, quer a nível dos sistemas internacionais, entre o *uso* e o *registo* como modos de adquirir posições jurídicas sobre a marca. Tal tensão é bem refletida, pelo menos ao nível europeu, pelo considerando 5 da Diretiva 2008/95/CE do Parlamento Europeu e do Conselho, de 22 de Outubro de 2008, que aproxima as legislações dos Estados-Membros em matéria de marcas (DM), onde se pode ler que a mesma Diretiva «não deverá retirar aos Estados-Membros a faculdade de continuar a *proteger as marcas pelo uso*, mas deverá regular apenas a sua relação com as *marcas adquiridas pelo registo*» (itálico nosso).

II – É, principalmente, à luz do sistema português que queremos abordar o problema. No entanto, afigura-se-nos profícua uma análise prévia do mesmo à luz de outros sistemas estrangeiros e de sistemas internacionais, como o sistema internacional de marcas[3] e o sistema europeu de marcas[4]. Com efeito, um olhar prévio sobre os modelos e soluções adotados noutros países revela-se fundamental para construir uma perspetiva panorâmica do problema, e, assim, permitir um enquadramento do sistema português no contexto internacional.

A mencionada perspetiva panorâmica possibilitada pela análise dos sistemas estrangeiros e internacionais potenciará, também, uma melhor perceção dos interesses subjacentes, isto é, das valorações que estão na base dos diferentes sistemas, enriquecendo, por essa via, a análise crítica do sistema português.

Ao longo do estudo do sistema português de aquisição do direito sobre a marca indagar-se-á o peso do *uso* e do *registo* no modo de aquisição do referido direito, fazendo-se, naturalmente, a análise crítica das opções legislativas à luz dos interesses em presença.

---

[3] Resultante do Acordo de Madrid relativo ao Registo Internacional de Marcas de 11 de abril de 1891 (AM) e do Protocolo de 27 de junho de 1989 relativo ao Acordo de Madrid (PAM), os quais têm na sua origem a Convenção da União de Paris para a Proteção da Propriedade Industrial, de 20 de março de 1883 (CUP).

[4] Constituído pelo Regulamento (CE), nº 207/2009, do Conselho, de 26 de fevereiro de 2009, sobre a marca comunitária (RMC).

III – Orientado pelo desígnio acima referido, o presente estudo dividir-se-á em dois capítulos.

No primeiro capítulo, procederemos à análise dos diferentes sistemas de aquisição do direito sobre a marca. Abordaremos, como se adiantou já, alguns sistemas estrangeiros e os sistemas internacionais.

No que diz respeito aos *sistemas estrangeiros*, dividiremos essa análise em função da matriz a que o sistema jurídico estrangeiro pertença. Assim, analisaremos primeiro os sistemas de matriz anglo-saxónica, mais precisamente, o Direito norte-americano e o do Reino Unido; após, analisaremos alguns sistemas estrangeiros de matriz romano-germânica: os sistemas alemão, francês, italiano, espanhol e dinamarquês.

Quanto ao *sistema internacional*, abordaremos o sistema de Madrid, resultante do AM e do PAM.

No segundo capítulo, debruçar-nos-emos sobre o sistema português de aquisição do direito sobre a marca, destacando duas partes principais. Numa, enfatizaremos o registo como modo de aquisição do direito sobre a marca (registo constitutivo); noutra, analisaremos a relevância do mero uso da marca na aquisição de posições jurídicas sobre a mesma ou, por outras palavras, enquanto fonte de perturbação – discutindo até que ponto ela é desejável – da lógica, porventura artificial, mas eminentemente segura, de aquisição do direito com base no registo.

2. Identificação do problema

I – Visando o Direito da Propriedade Industrial[5] garantir a lealdade da concorrência através da «atribuição de direitos privativos sobre os diversos processos técnicos de produção e desenvolvimento da riqueza», como estabelece o art. 1º do Código da Propriedade industrial, aprovado pelo DL nº 36/2003, de 5 de março (CPI), cabe, com vista à identificação do problema prático objeto do presente estudo, começar por questionar em que medida o direito sobre a marca garante – ou, pelo menos, contribui para – uma mais leal concorrência.

---

[5] Como refere Coutinho de Abreu, *Curso de Direito Comercial*, I cit., p. 351, nota 2, o termo "industrial", apesar de historicamente justificado, induz em erro, porquanto a propriedade industrial não se restringe à indústria, na aceção comum da palavra, como resulta, aliás, do art. 2º CPI. Trata-se de um problema semelhante àquele que no Direito Comercial se coloca a propósito das relações entre a designação do ramo jurídico e o seu âmbito, já que esta disciplina não se circunscreve, também, às atividades comerciais.

DA AQUISIÇÃO ORIGINÁRIA DO DIREITO SOBRE A MARCA (USO *VS.* REGISTO)

Sendo a *marca* um *sinal distintivo usado por uma empresa para distinguir os bens por si produzidos ou, simplesmente, comercializados*[6], ou, na expressão da lei, «*um sinal ou conjunto de sinais susceptíveis de representação gráfica*[7] (...) *adequados a distinguir os produtos ou serviços*[8] *de uma empresa dos de outras empresas*» (art. 222º/1 CPI)[9], constituiria, naturalmente, uma prática de concorrência desleal, a aposição, por parte de uma empresa, nos seus produtos, de um sinal igual ou semelhante ao usado por outra empresa para produtos idênticos ou afins ou, em certos casos, mesmo para produtos sem identidade ou afinidade[10].

[6] É, portanto, "um sinal distintivo de objetos (...) e não de sujeitos", ao contrário do logótipo, conforme refere OLIVEIRA ASCENSÃO, *Direito Comercial*, II, cit., p. 139. Sobre a *caraterização do direito sobre a marca* – aspeto de índole geral sobre o qual não nos debruçaremos – e, nomeadamente, sobre a sua *função económica*, pode ver-se OLIVEIRA ASCENSÃO, *Direito Comercial*, II, cit., p. 139 e ss., COUTO GONÇALVES, *Função distintiva da marca*, Coimbra, 1999, *idem, Manual de Direito Industrial* cit., p. 153 e ss, *idem, A função da marca*, em OLIVEIRA ASCENSÃO (coord.), *Direito Industrial*, vol. II, Coimbra, 2002, COUTINHO DE ABREU, *Curso de Direito Comercial*, *vol. I – Introdução, actos de comércio, comerciantes, empresas, sinais distintivos*, 8ª ed. Coimbra, 2011, p. 364 e ss., PUPO CORREIA, *Direito Comercial – Direito da empresa*, 11ª ed., Lisboa, 2009, p. 347, CÔRTE-REAL CRUZ, *O conteúdo e extensão do direito à marca: a marca de grande prestígio*, em OLIVEIRA ASCENSÃO (coord.), *Direito Industrial*, vol. I, Coimbra. 2001, AMÉRICO DA SILVA CARVALHO, *Direito de Marcas*, Coimbra, 2004, LUÍS MIGUEL PEDRO DOMINGUES A *Função da Marca e o Princípio da Especialidade*, em OLIVEIRA ASCENSÃO (coord.), *Direito Industrial*, vol. IV, Coimbra. 2005. Além-fronteiras, pode ver-se, por exemplo, CARLOS FERNÁNDEZ-NÓVOA, *Las funciones de la marca*, ADI, V, 1978, 33, FERDINANDO CIONTI, *La natura giuridica del marchio*, Milano, 2008, *idem, La funzione propria del marchio*, Milano, 2004.

[7] Sobre a admissibilidade de uma marca olfativa, em princípio não representável graficamente, e, portanto, inadmissível, de acordo com o art. 238º/1, *a)* CPI, veja-se RUI SOLNADO DA CRUZ, *A marca olfactiva*, Coimbra, 2009, bem como PEDRO SOUSA E SILVA, *Direito industrial. Noções fundamentais*, Coimbra, 2012, pp. 133-136.

[8] COUTINHO DE ABREU, *Curso de Direito Comercial*, I cit., p. 364, critica a redundância da expressão "produtos ou serviços", por um produto poder ser um serviço, já que se trata de um bem imaterial que resulta de uma atividade produtiva (por isso, um produto). Porém, também numa aceção ampla do vocábulo "bem", o serviço nesta se enquadrará, como o autor, *ibidem*, também nota. Assim, por questões de comodidade, e por se tratar de expressões enraizadas na literatura jurídica, aludiremos a bens e serviços ou a produtos e serviços.

[9] Em sentido idêntico, veja-se o art. 2º da DM, a qual revogou a primeira Diretiva do Conselho nº 89/104/CEE, de 21 de dezembro de 1988, dedicada à mesma matéria, que continha no seu art. 2º o mesmo conteúdo. No mesmo sentido, pode ainda ver-se o art. 4º do Regulamento (CE), nº 207/2009, do Conselho, de 26 de fevereiro de 2009, sobre a marca comunitária (RMC), que revogou o Regulamento nº 40/94, do Conselho, de 20 de dezembro de 1993, sobre o mesmo assunto, o qual, também no art. 4º, continha igual conteúdo.

[10] Com efeito, se estiver em causa uma marca de prestígio, a imitação ou usurpação da mesma, ainda que para produtos sem identidade ou afinidade com os da marca imitada ou usurpada,

Com efeito, atuando desta forma, a primeira empresa beneficiaria do esforço da segunda, na medida em que, criando no espírito do consumidor confusão ou gerando o risco de associação com os produtos desta, desviaria indevidamente clientela da mesma ou, no caso de se tratar de produtos sem identidade ou afinidade, beneficiaria de tal esforço simplesmente por estar a tirar partido do poder atrativo, do *selling power*, da marca imitada ou reproduzida, podendo, inclusivamente, prejudicar o referido prestígio, através da *diluição*[11] da própria marca prestigiada.

Assim, ao se atribuir a alguém um direito privativo de usar uma determinada marca, concede-se-lhe o poder de proibir que outros a usem, garantindo-se, deste modo, que a lealdade da concorrência não será, pelo menos por esta via, afetada.

II – Dado este primeiro passo do *iter* da identificação do problema, podemos passar ao segundo. Ora, se a atribuição do direito privativo sobre a uma marca é um meio para garantir a lealdade da concorrência, impõe-se determinar o exato momento em que esse direito entra na esfera jurídica de um sujeito, de molde a ser oponível aos demais, para assim se cumprir justamente aquele desígnio, que é a função do Direito da Propriedade Industrial. E, como já se avançou, o cerne do problema residirá essencial-

---

constitui um modo "parasitário" de tirar partido do prestígio dessa marca (art. 242º CPI). Trata-se, como veremos, dos casos em que a proteção da marca é conferida para além do princípio da especialidade, ou seja, para além do universo de produtos idênticos ou afins aos do titular da marca. Sobre a marca de prestígio, pode ver-se, por exemplo, MOREIRA RATO, *La protection des marques notoires et de haute renommée au Portugal"*, Estrasburgo, 1988, ALBERTO RIBEIRO DE ALMEIDA, *Marca de prestígio, marca notória e acordo ADPIC/TRIPS*, em OLIVEIRA ASCENSÃO (coord.), *Direito Industrial*, vol. VI, Coimbra. 2009, ou JORGE NOVAIS GONÇALVES, *A marca prestigiada no Direito Comunitário das marcas – a propósito da oposição à marca comunitária*, em OLIVEIRA ASCENSÃO (coord.), Direito Industrial, vol. V, Coimbra. 2008.

[11] A expressão provém da teoria norte-americana denominada, precisamente, *«dilution»*, defendida por FRANK ISAAC SCHECHTER, *The rational basis of trademark protection*, Harvard Law Review, vol. XL, nº 6, p. 334 e ss. Sobre esta teoria atualmente nos Estados Unidos, pode ver-se MATHIAS STRASSER, *The Rational Basis of Trademark Protection Revisited:Putting the Dilution Doctrine into Context*, em *Intellectual Property, Media & Entertainment Law Journal*, vol X, book 2, winter 2000, p. 375 e ss (disponível em http://law2.fordham.edu/). Esta teoria da diluição seria adotada nos Estados Unidos no USTA em 16 de Janeiro de 1996, pela Lei nº 104/98, apelidada de *«Dilution Act»*, através do aditamento da al. *c*) ao 15 U.S.C. § 1125 (cf. COUTO GONÇALVES, *Direito Industrial*, p. 263, nota 684).

mente no deslindar das tensões entre o registo e o mero uso como fontes da aquisição de posições jurídicas sobre a marca.

Ilustremos o problema com as seguintes quatro hipóteses.

Imagine-se que um sujeito inicia uma atividade económica e cria uma marca, mas não a regista imediatamente. Passados quatro meses, outro sujeito, achando a imagem atrativa, decide imitá-la e antecipa-se no registo de uma imagem igual para produtos semelhantes.

Pense-se, agora, no caso de uma marca com notoriedade em Portugal, usada por uma empresa há já vários anos. Porque essa marca não está registada em Portugal, outra empresa, aproveitando-se de tal facto, regista uma marca igual para si, para produtos afins, conseguindo, assim, incrementar as suas vendas, já que alguns dos clientes habituais dos produtos da primeira empresa, compram, agora, indistintamente, produtos de ambas as empresas.

Suponha-se, ainda, que uma determinada empresa é titular de uma marca de automóveis com prestígio em Portugal. No entanto, essa marca não está registada no nosso país. Assim, outra empresa, aproveitando-se desse facto, regista a marca para a usar em perfumes, tendo tal facto repercussões positivas nas vendas, já que alguns consumidores adquirem o produto influenciados pelo poder atrativo da marca.

Conceba-se, por fim, que uma empresa começa por usar uma marca nos seus produtos, mas nunca a chega a registar. A marca não é de prestígio, nem tão pouco notória. Passados 4 anos de uso da marca de facto, um terceiro regista uma marca confundível para produtos afins, fazendo dessa forma concorrência desleal com a primeira empresa, já que alguns dos clientes desta compram indistintamente produtos seus e do terceiro, perdendo, portanto, aquele, algum lucro, por desvio de clientela.

Outros exemplos se poderiam conceber. Porém, estes quatro casos são bastantes para tornar claro o problema: quem deverá ser considerado titular do direito sobre a marca nos casos mencionados, *quem primeiro registou ou quem primeiro usou?*

Adiantando um pouco mais o problema, e tendo em conta que, de acordo com a letra da lei, o sistema português de aquisição do direito sobre a marca assenta no registo (art. 224º/1 CPI), procurar-se-á – depois de perspetivar a problemática dos sistemas de aquisição do direito sobre a marca em termos gerais – averiguar se existem, no Direito nacional, desvios ao sistema de aquisição do direito sobre a marca assente no registo e qual o âmbito desses desvios.

Capítulo I
Perspetiva panorâmica do problema

Secção I
A aquisição do direito sobre a marca nos sistemas estrangeiros e internacionais

§ 2º A AQUISIÇÃO DO DIREITO SOBRE A MARCA NOS SISTEMAS ESTRANGEIROS

3. Sistemas de matriz anglo-saxónica
3.1. Sistema norte-americano

I – A exposição prévia do problema da aquisição do direito sobre a marca em termos de Direito Comparado será, como se disse, profícua para a análise do tema no sistema português, pois, permitindo alcançar uma perspetiva panorâmica da questão através da análise das soluções praticadas noutros países e das valorações subjacentes, possibilitará uma análise enriquecida do sistema nacional. Comecemos por analisar os sistemas de matriz anglo-saxónica, debruçando-nos primeiro sobre o sistema norte-americano.

II – A *matéria relativa às marcas* é, nos *Estados Unidos*, regulada pelo *Trademark Act* de 5 de Julho de 1946, também denominado *Lanham Act*[12] (dora-

---

[12] Em homenagem a Frederick Garland Lanham, antigo deputado na Câmara dos Representantes dos Estados Unidos pelo Estado do Texas e principal responsável pela criação da legislação norte-americana sobre marcas – o *Trademark Act* –, que seria aprovada em 5 de Julho de 1946 e promulgada pelo então Presidente Harry Truman no dia 6 de julho de 1947.

vante, USTA), inserido no capítulo 22 (§§ 1051º a 1141º), do Título 15, do United States Code (USC).

A primeira norma do USTA reflete bem a natureza do sistema norte-americano, caraterizada por uma grande relevância do uso da marca na aquisição do direito sobre a mesma. Com efeito, estabelece o 15 USC § 1051(a)(1), que o «*proprietário de uma marca usada* no comércio pode requerer o registo da mesma»[13] (itálico nosso). Resulta, portanto, da norma que, antes do registo, já a lei considera existir um direito privativo sobre a marca, estabelecendo que o titular desse direito *pode* requer o registo, não se tratando, portanto, de um dever.

No entanto, o registo reveste também importância no Direito das Marcas norte-americano. Basta atentar nas epígrafes dos dois primeiros títulos do USTA. O primeiro título denomina-se «registo principal»; o segundo, «registo suplementar». Efetivamente, existe nos Estados Unidos um serviço, denominado *Patent and Trademark Office* (PTO), onde é possível realizar o registo da marca, assegurando, assim, uma mais eficaz proteção, nos moldes que veremos infra.

Apesar da atual importância do uso como fonte de aquisição do direito sobre a marca, a verdade é que o traço mais marcadamente refletor no USTA de um sistema baseado no uso (*"use-based system"*)[14] foi fortemente abalado em 1988, pela Lei nº 100-677, de 16 de Janeiro de 1988, *Trademark Law Revision Act* (TLRA)[15], ao ponto de se afirmar que tal Lei representou uma «quebra do tradicional sistema baseado no uso» consagrado pelo USTA[16]. Tal quebra resultara de um novo sistema de registo de marcas baseado na *intenção do uso* (*"intent-to-use"*), que não apenas no efetivo uso[17]. Com efeito, antes de 1988 apenas poderia ser registada uma marca que fosse já

---

[13] Pode ler-se na versão original: «[t]*he owner of a trademark used in commerce may request registration of its trademark*».

[14] A caraterizção do "use-based system", bem como do "registration-based system", será feita infra, em § 5º, 9.

[15] Veja-se sobre esta alteração do USTA, TRACI L. JONES, *Remedy holes and bottomless rights: a critique of the intent-to-use system of trademark registration*, em *Law and contemporary problems*, vol. 59, nº 2, *(the Lanham Act after fifty years)*, pp. 159-180 (disponível em scholarship.law.duke.edu/).

[16] A afirmação é de TRACI L. JONES, *Remedy holes and bottomless rights* cit., p. 159. Na versão original, pode ler-se que «[t]he Trademark Law Revision Act (...) represented (...) a departure from the Lanham Act's traditional use-based trademark system».

[17] De facto, como veremos infra no § 5º, 9, o traço essencial do regime de aquisição do direito sobre a marca baseado no uso consiste no facto de este ser *conditio sine qua non* de tal aquisição.

usada no comércio, ou seja, que, segundo o espírito do sistema norte-americano, tivesse já um proprietário. O TLRA alteraria, porém, o 15 USC § 1051(b)(1), passando este a permitir que um sujeito de boa fé, que tenha a intenção de usar uma marca, pudesse requerer o registo da mesma[18].

Como se compreenderá melhor abaixo[19], o sistema *"use-based"* puro foi, efetivamente, corrompido com o TLRA. Mas, se tal não é bastante para afirmar que o sistema norte-americano já não assenta no uso, pois este continua a ser, atualmente, suficiente para a constituição do direito sobre a marca, a verdade é que, com o TLRA, houve uma aproximação aos sistemas de registo, porquanto o uso prévio não é já requisito necessário para o registo.

III – Sem prejuízo da já referida relevância do uso no sistema norte-americano, a *importância do registo* revela-se, como se adiantou supra, no facto de o mesmo conferir uma *maior proteção ao proprietário da marca*. A esse propósito, cabe analisar o 15 USC § 1065[20]. De acordo com tal §, a marca registada tornar-se-á *incontestável*, se, após o registo, for usada continuadamente por cinco anos consecutivos, desde que estejam preenchidos alguns requisitos previstos no referido §, nomeadamente, nos n.os 1 a 4, dentre os quais salientamos o nº 3, que estabelece a necessidade de existência de uma declaração, que deverá ser arquivada no PTO, no período de um ano após o decurso de cada período de cinco anos, atestando que a marca foi efetivamente usada, durante os cinco anos consecutivos, para os bens ou serviços para os quais foi registada[21].

De acordo com o que referimos acima, pode afirmar-se que a lei norte-americana prevê dois regimes de registo da marca. Um deles baseia-se no uso prévio efetivo e vem previsto no 15 USC § 1051(a); o outro baseia-se

---

[18] Na redação original da norma pode ler-se «*[a] person who has a bona fide intention, under circumstances showing the good faith of such person, to use a trademark in commerce may request registration of its trademark*».

[19] Cf. nota 17.

[20] Expressiva é, como se compreenderá melhor infra, a sua epígrafe: «*incontestability of right to use mark under certain conditions*».

[21] Pode ler-se na redação original da parte do proémio do 15 USC § 1065, que, a este propósito, mais releva, o seguinte: «*...the right of the owner to use such registered mark in commerce for the goods or services on or in connection with which such registered mark has been in continuous use for five consecutive years subsequent to the date of such registration and is still in use in commerce, shall be incontestable...*» (itálico nosso).

apenas na intenção de usar a marca e vem previsto no 15 USC § 1051(b). Este último caso, que alterou, como se referiu, a essência do sistema originário norte-americano, pressupõe, naturalmente, a existência de boa fé do requerente. No entanto, este não poderá usar o regime como um *esquema* para garantir antecipadamente o uso de uma marca – ainda não usada – no futuro, qual *manobra defensiva*[22]. Com efeito, de acordo com o 15 USC § 1051(d)(1), *a marca deverá ser usada durante um prazo de 6 meses após o requerente ter recebido a notificação da permissão do registo – prevista no 15 USC § 1063(b)(2). Prevê, ainda assim, o 15 USC § 1051(d)(2), a possibilidade de o diretor do PTO estender, por um adicional período de 6 meses, o prazo limite para início do uso, se o interessado o requerer e declarar que continua de boa fé. Estabelece, por fim, o mesmo preceito a possibilidade de uma extensão do prazo limite por adicionais períodos, com um limite total de 24 meses, mas, neste caso, o interessado terá de demonstrar que tem um motivo atendível («good cause»)*[23].

IV – Enfim, e não obstante as concessões aos princípios dos sistemas de registo – o que, como veremos, constitui um movimento que se tem vindo a verificar em todos os sistemas –, a matriz do sistema de uso continua claramente presente no Direito das Marcas norte-americano, ao se aludir no 15 USC § 1051(a)(1) à existência de um direito sobre a marca usada e não registada. Um outro aspeto que assegura a importância do uso no sistema norte-americano, consiste no facto de a possibilidade de registo não afetar, naturalmente, o direito adquirido com o uso[24]: estabelece o 15 USC § 1052(d), que será recusado o registo de uma marca que se assemelhe a uma outra marca, previamente usada nos Estados Unidos por outra empresa, cujo uso não tenha sido abandonado, que seja suscetível, quando usada em bens ou serviços iguais ou semelhantes, de causar confusão, erro ou engano.

---

[22] Cf. SHOEN ONO, *Overview of japanese trademark law*, (Parte 2 – *Substantive trademark law*; capítulo 5 – *Establishment of trademark rights*), 2ª ed., Yuhikaku, 1999 (disponível em www.iip.or.jp), p. 2.

[23] Será, de acordo com a parte final do 15 USC § 1051(d)(2), o Diretor do PTO a elaborar as normas que estabelecem os critérios para se determinar a existência de uma *«good cause»*.

[24] Cf. DÁRIO MOURA VICENTE, *A tutela internacional da propriedade intelectual*, Coimbra, 2009, p. 63.

3.2. Sistema do Reino Unido

I – Passemos agora à análise do sistema do Reino Unido.

As normas sobre aquisição do direito sobre a marca no Reino Unido encontram-se no *Trademark act* de 1994 (UKTA). Decorre da *section* 2 (1) que o direito sobre a marca se adquire com o registo[25]. Ademais, como regra geral, estabelece-se no UKTA que do mesmo não decorre a existência de qualquer ação que previna ou repare danos pela lesão de uma marca não registada enquanto tal [*section* 2 (2), primeira parte, UKTA][26]. Ora, da conjugação destas normas decorre que o sistema inglês de aquisição do direito sobre a marca é, atualmente, de matriz *"registration-based"*.

Porém, o UKTA convive também com a «*unregistred mark*». Com efeito, e não obstante a regra ser, como acabámos de mencionar, que, à partida, a marca não registada não confere, enquanto tal, proteção, a verdade é que a segunda parte da *section* 2 (2) ressalva a ação de *passing off*[27/28]. *Ora, através desta ação responsabiliza-se civilmente aquele que se apropria do goodwill* de uma marca alheia – ou seja, do seu potencial para atrair consumidores, que é dizer, angariar clientela – através do uso dessa mesma marca em produ-

---

[25] Estabelece a norma que «uma marca registada é um direito de propriedade *obtido pelo registo da marca* de acordo com a presente lei e o proprietário de uma marca registada tem os direitos e remédios atribuídos pela presente lei.». Da versão original consta o seguinte: «[a] registered trade mark is a property right obtained by the registration of the trade mark under this Act and the proprietor of a registered trade mark has the rights and remedies provided by this Act».

[26] É o seguinte o texto: «[n]o proceedings lie to prevent or recover damages for the infringement of an unregistered trade mark as such (...)».

[27] Sobre esta ação, pode ver-se DÁRIO MOURA VICENTE, *A tutela internacional da propriedade intelectual* cit., pp. 94-95. Segundo o autor, *ibidem*, p. 94, são os seguintes os requisitos cumulativos para que se verifique o *Tort of passing off*: *a)* a existência de uma falsa declaração (*misrepresentation*); *b)* efetuada por um comerciante no exercício da sua atividade comercial; *c)* dirigida à sua clientela, potencial ou efetiva; *d)* visando lesar a atividade comercial ou a reputação dos produtos ou serviços de outro comerciante, sendo que, de acordo com o autor, *ibidem*, p. 94, uma das declarações suscetíveis de integrar o *Tort of passing off* consiste precisamente na «oferta ao público de mercadorias ou serviços próprios como se fossem os de um concorrente, utilizando para o efeito, v.g., uma marca ou um nome comercial deste». Veja-se desenvolvidamente sobre a ação de *passing off*, WILLIAM CORNISH e DAVID LLEWELYN, *Intellectual property: patents, copyright, trademarks and allied rights*, 5ª ed., Londres, 2003, p. 593 e ss..

[28] O nome da ação está relacionado com a expressão inglesa *"Pass off"*, que significa, literalmente, em português, "passar por". Assim, é uma expressão usada para aludir ao ato de fazer uma coisa ou uma pessoa passar por outra coisa ou outra pessoa. Aplicada a expressão ao contexto das marcas, *"pass off"* consistirá no ato de fazer uma marca *passar por* outra.

tos iguais ou semelhantes. Com efeito, se os produtos ou serviços assinalados com uma determinada marca gozam de uma boa reputação, o uso de uma marca, pelo menos confundível, para produtos ou serviços iguais ou semelhantes[29], possibilitará a esse utilizador prevalecer-se, apropriar-se, indevidamente, dessa reputação e assim atrair clientes.

Ainda a propósito do peso da *unregistred trademark* no sistema inglês, veja-se a *section* 5 (4)(a) UKTA, de acordo com a qual uma marca não deverá ser registada se o seu uso no Reino Unido for suscetível de ser impedido em virtude de algum *rule of law*[30] – *particularmente a law of passing off* – que proteja uma marca não registada[31]. Também por aqui é densificada a situação jurídica daquele que apenas usa uma marca.

Muito importante, também, a propósito da marca não registada é a *section* 11 (3) UKTA, onde se chega a denominar a situação jurídica na esfera daquele que apenas usa uma marca de «*right*». Estabelece-se na primeira parte do preceito, que uma marca registada não se considerará lesada pelo uso, no exercício do comércio numa determinada localidade, de um *earlier right*, o que se aplicará, porém, apenas nessa localidade[32]. E por *earlier right* deve entender-se, nos termos da segunda parte da *section* 11 (3) UKTA, e para efeitos do disposto na mesma, uma marca não registada utilizada continuadamente, relativamente a bens ou serviços de uma pessoa, desde uma data anterior à do início do uso ou do pedido de registo (considerando-se o que destes dois tiver ocorrido primeiro) da marca registada para os mesmos produtos ou serviços [*section* 11 (3)(a)(b) UKTA]. No entanto, refere a *section* 11 (3)(b), segunda parte, UKTA, que tal *earlier right* apenas será considerado relativamente a uma determinada localidade se o seu uso

---

[29] Naturalmente, tal aproveitamento poderá, também, ocorrer, relativamente a bens ou serviços de outra natureza, se se tratar da imitação ou usurpação de uma determinada marca de prestígio. Porém, conforme escreve DÁRIO MOURA VICENTE, *A tutela internacional da propriedade intelectual* cit., p. 95, «[a] orientação da jurisprudência inglesa na aferição dos pressupostos do *passing off* é, em todo o caso, assaz restritiva».

[30] A expressão «*Rule of law*» é aqui usada, cremos, no sentido de regra de *Common Law* – que não da lei –, tal como se verifica com a ação de *passing off*.

[31] Estabelece-se no texto original que «[a] trade mark shall not be registered if, or to the extent that, its use in the United Kingdom is liable to be prevented by virtue of any rule of law (in particular, the law of passing off) protecting an unregistered trade mark or other sign used in the course of trade».

[32] É a seguinte, a redação original: «[a] registered trade mark is not infringed by the use in the course of trade in a particular locality of an earlier right which applies only in that locality».

nessa localidade for protegido em virtude de alguma *rule of law* – nomeadamente a *law of passing off*.

Refira-se, ainda a propósito da relevância da marca não registada no sistema do Reino Unido, que, de acordo com a *section* 24 (6) UKTA, nada na lei das marcas deve ser interpretado no sentido de afetar a possibilidade de transferência de uma marca não registada como parte do *goodwill* de um negócio.

II – Em conclusão, pode dizer-se resultar do regime de marcas do Reino Unido que a proteção da marca não registada está sempre dependente do funcionamento da *law of passing off*, que constitui, assim, a fonte da relevância do uso no sistema.

Destarte, ao contrário do sistema norte-americano, que prevê e aceita expressamente como fonte do direito sobre a marca, tanto o uso, como o registo (desde que haja intenção de uso), no sistema do Reino Unido prevê-se apenas como fonte do direito sobre a marca o registo. No entanto, da análise do regime parece poder concluir-se que, ainda que a título excecional, o uso pode gerar um direito sobre a marca, no sentido de «permissão normativa específica de aproveitamento de um bem»[33]: não se vê como não retirar tal conclusão da *section* 5 (4)(a) UKTA, que consagra, como fundamento de recusa do registo, a existência de uma marca não registada no Reino Unido protegida pela *law of passing off*, sendo que a *section* 11 (3) UKTA chega a denominar a situação do usuário de *right*[34].

---

[33] A definição é de MENEZES CORDEIRO, *Tratado de Direito Civil I*, 4ª ed., Coimbra, 2012, p. 892 e ss..

[34] DÁRIO MOURA VICENTE, *A tutela internacional da propriedade intelectual* cit., p. 64, refere que «[o] *passing off* não implica (...) o reconhecimento de qualquer direito de exclusivo ao titular da marca, mas tão-só o ressarcimento dos danos sofridos por este (*damages*) e as medidas necessárias a fim de prevenir ou impedir a violação do direito ou a continuação desta (*injunctions*).». Note-se, no entanto, que o próprio autor alude a direito ao referir «prevenir ou impedir a violação do *direito*» (itálico nosso); apenas entenderá, se bem interpretamos, que o mesmo não tem a *força* de um direito registado, com o que estamos absolutamente de acordo. Note-se que mesmo nos sistemas, como o norte-americano, em que o uso tem uma presença fortíssima, a verdade é que o registo acaba por *reforçar* sempre a situação: recorde-se o acima mencionado 15 USC § 1065, nos termos do qual a marca só se torna *incontestável* após o registo e desde que, depois deste, decorram 5 anos de uso continuado. Um direito registado terá, portanto, tendencialmente sempre uma maior proteção face a um direito não registado.

Na verdade, como veremos, *não raro os regimes preconizam – e bem, como concluiremos – ser o registo a fonte de aquisição do direito sobre a marca, mas, depois de analisados detalhadamente, dos mesmos acaba por se retirar que, ainda que em casos excecionais, pode ocorrer a aquisição do direito sobre a marca apenas pelo uso.* Observar-se-á, também, é certo, que, normalmente, se trata de direitos de conteúdo tendencialmente mais fraco – porque mais desprotegidos[35] –, quando cotejados com o direito registado.

Porém, se no cerne do direito sobre a marca está, como também se verá, o poder de impedir que terceiros a usem, em regra dentro do princípio da especialidade[36], então, sendo tal poder conferido no âmbito de marcas simplesmente usadas (veja-se *section* 5 (4)(a) UKTA), não vemos como negar a qualificação de tais situações como um direito. Sempre se poderia contrapor, afirmando que não se trata de direitos, mas de uma mera consequência, de um reflexo, da prevenção e repressão da concorrência desleal[37]. Porém, parece-nos que da redação da *section* 5 (4)(a) UKTA poderá resultar a proteção da marca livre[38] perante a marca registada, ainda que não haja concorrência desleal[39], o que basta para afirmarmos estar em causa um direito sobre a marca.

Sublinhe-se, no entanto, que a aquisição de um direito pelo uso no Reino Unido consiste – ao contrário do que se verifica no sistema norte-americano que a acolhe abertamente –, não numa situação *desejada*, mas antes *tolerada* pelo legislador, pois não é manifestamente o meio de aquisição do direito sobre a marca por si *eleito*, como se pode retirar da *section* 2 (1) UKTA.

---

[35] Reflexo dessa desproteção a propósito da análise do sistema do Reino Unido, encontra-se nas palavras de Dário Moura Vicente, *A tutela internacional da propriedade intelectual* cit., p. 64: «a tutela por via do *passing off* apenas subsiste enquanto o titular da marca efectivamente a utilizar na sua actividade comercial», o que não ocorre se se tratar de uma marca registada. Sobre a inferioridade do direito sobre a marca livre perante o direito sobre a marca registado no sistema português, veja-se infra § 10º.

[36] Sobre este princípio, veja-se Luís Miguel Pedro Domingues *A Função da Marca e o Princípio da Especialidade*, em Oliveira Ascensão (coord.), *Direito Industrial*, vol. IV, Coimbra, 2005.

[37] Note-se, no entanto, que, como refere Dário Moura Vicente, *A tutela internacional da propriedade intelectual* cit., p. 94, o conceito de "concorrência desleal" «é (...) estranho à terminologia jurídica inglesa; e a ideia que lhe subjaz foi há muito repudiada pela jurisprudência inglesa». Porém, o instituto estará implicitamente, como é natural, presente no sistema do Reino Unido, norteando o seu sistema de propriedade industrial.

[38] Usaremos a expressão "marca livre" sempre como sinónima de "marca não registada".

[39] Sobre a fronteira entre o instituto da concorrência desleal e o direito sobre a marca, veja-se infra o que escrevemos no § 9º, 15.2..

4. Sistemas de matriz romano-germânica
4.1. Sistema alemão

I – Passemos, agora, à análise de alguns *sistemas estrangeiros de matriz romano-germânica*, começando pelo *sistema alemão*.

A lei alemã que regula a matéria sobre marcas é a *Marken Gesetz* de 25 de Outubro de 1994 (MG). O § 4 MG, sob a epígrafe génese da marca protegida, estabelece que dará origem à proteção da marca a entrada de um *pedido de registo* de uma marca na entidade competente para tal [§ 4 (1) MG] ou o *uso de um sinal no exercício do comércio*, na medida em que tal sinal tenha adquirido reconhecimento público como uma marca em determinados locais [§ 4 (2) MG], ou, por fim, uma marca que constitua uma marca bem conhecida na aceção do artº 6º-*bis*[40] da CUP (§ 4 (3) MG) [41].

O § 4 não alude literalmente à constituição de um direito sobre a marca, mas somente aos factos que originam a proteção da mesma pela lei[42]. Porém, é indubitável que aquilo que está em causa é a aquisição do direito sobre a marca. Retira-se, portanto, da norma a existência de dois modos de aquisição do direito sobre a marca no sistema alemão: o uso e o registo. O primeiro dependerá, porém, da existência de reconhecimento público.

II – Assim, o direito constitui-se, ou na medida em que o sinal distintivo meramente usado houver alcançado notoriedade no tráfico comercial, ou, antes desse momento, se o referido sinal houver sido registado, caso em que o direito se constitui aquando do pedido de registo[43]. Naturalmente

---

[40] O art. 6º-*bis* da CUP será objeto de análise infra no § 3º, a propósito do sistema internacional de marcas.
[41] Da redação original do § 4º conta que «[d]er Markenschutz entsteht (1) durch die Eintragung eines Zeichens als Marke in das vom Patentamt geführte Register, (2) durch die Benutzung eines Zeichens im geschäftlichen Verkehr, soweit das Zeichen innerhalb beteiligter Verkehrskreise als Marke Verkehrsgeltung erworben hat, oder (3) durch die im Sinne des Artikels 6bis der Pariser Verbandsübereinkunft zum Schutz des gewerblichen Eigentums (Pariser Verbandsübereinkunft) notorische Bekanntheit einer Marke.».
[42] Com efeito, e como se referiu, na epígrafe do art. lê-se «génese da marca protegida», no original «Entstehung des Markenschutzes».
[43] Segundo Dário Moura Vicente, *A tutela internacional da propriedade intelectual* cit., p. 65, no sistema alemão «o sinal que, à luz das circunstâncias do caso concreto, seja tido como satisfazendo [o requisito do § 4(2) MG] é *equiparado*, sob o ponto de vista dos seus efeitos, à marca registada» (itálico nosso). Couto Gonçalves, *Manual de Direito Industrial* cit.,

que, por conferir maior segurança e não ser necessário provar o reconhecimento público, as empresas tenderão a pedir o registo das suas marcas, fazendo, assim, do registo, o principal meio de aquisição do direito sobre a marca no sistema alemão[44].

4.2. Sistema francês

Debrucemo-nos, agora, sobre o *sistema francês* de aquisição do direito sobre a marca. É o *Code de la proprieté intellectuelle* – aprovado pela *Loi* nº 92-597, de 1 de Julho de 1992 – (CPIfr) que rege a matéria.

Atentemos no art. L712º/1 CPIfr, primeiro art. de um capítulo denominado «aquisição do direito sobre as marcas». Estabelece o mesmo que «a propriedade da marca adquire-se pelo registo (...)», sendo que «o registo produz os seus efeitos a contar da data de depósito do pedido, por um período de dez anos renovável indefinidamente»[45].

A exceção a esta regra encontra-se, porém, no art. L711º/4, *a)* CPIfr, onde se determina que que «não pode ser adotado como marca um sinal causador de *danos a direitos anteriores* e, especialmente, (a) a uma marca anterior registada ou notoriamente conhecida no sentido do artigo 6º-*bis* da Convenção de Paris para a proteção da propriedade industrial». O titular desta marca anterior não registada, mas notoriamente conhecida, poderá opor-se ao registo de marca confundível ou associável por um terceiro e requerer a declaração de nulidade, nos termos do art. L712º/4.

Fica por saber quais as situações que poderão ser subsumidas ao conceito de «*droits antérieurs*», porquanto a enumeração do art. L711º/4, *a)* CPIfr é meramente exemplificativa. Trata-se, portanto, de um conceito sujeito à concretização da doutrina e jurisprudência francesas. Assim, concluímos que o sistema francês de aquisição do direito sobre a marca é, atualmente[46], fortemente baseado no registo[47].

p. 173, por sua vez, entende que, quer a aquisição se funde no registo, quer se funde no uso, «[se confere] um direito exclusivo de idêntico valor».
[44] Cf. DÁRIO MOURA VICENTE, *A tutela internacional da propriedade intelectual* cit., p. 65.
[45] É o seguinte o texto original: «[l]a propriété de la marque s'acquiert par l'enregistrement (...). L'enregistrement produit ses effets à compter de la date de dépôt de la demande pour une période de dix ans indéfiniment renouvelable.».
[46] De acordo com COUTO GONÇALVES, *Manual de Direito Industrial* cit., p. 172, até à entrada em vigor da lei de marcas francesa de 31 de dezembro de 1964, «o sistema francês era apontado como o paladino do princípio da prioridade do uso», precisamente por causa do art. 2º da lei de 23 de junho de 1857, que estabelecia que «ninguém poder[ia] reivindicar a propriedade

4.3. Sistema italiano

I – Passemos, agora, à análise do *sistema italiano*.
Em Itália, rege o *Codice della proprietà industriale*, aprovado pelo decreto legislativo de 10 de fevereiro de 2005 (CPIit). Interessa atentar no art. 2º, que tem como epígrafe «constituição e aquisição dos direitos». O nº 1 estabelece que «os direitos de propriedade industrial adquirem-se mediante patenteamento, mediante registo ou por outro modo previsto no (...) código. O patenteamento e o registo dão lugar aos títulos de propriedade industrial». A este propósito, estabelece ainda o art. 15º, sob a epígrafe «efeitos do registo», que «os direitos exclusivos considerados pelo (...) código são conferidos com o registo». Resulta destas normas, portanto, que, de acordo com o sistema italiano, o direito sobre a marca depende do registo.

Porém, tal como temos vindo a observar a propósito do estudo dos sistemas estrangeiros, também em Itália se atribui alguma proteção à marca usada. Com efeito, estabelece o nº 4, do art. 2º CPIit, que «são protegidos, verificados os pressupostos legais, os *sinais distintivos diversos da marca registada*»[48] (itálico nosso).

É no art. 12º CPIit – na redação que lhe foi dada pelo decreto legislativo nº 131, de 13 de agosto de 2010 – que se encontra a concretização do acima citado art. 2º/4. De acordo com a al. *a)*, do nº 1, do mencionado art. 12º, que tem como epígrafe «novidade», não poderão constituir objeto de registo como marca de empresa, os sinais que à data do depósito do pedido sejam idênticos ou semelhantes a um *sinal já conhecido como uma marca* ou

---

exclusiva de uma marca se não a [tivesse] deposit[ado] na Conservatória do Registo do Tribunal de Comércio do seu domicílio.». Os pressupostos do referido princípio da prioridade do uso, criados pela doutrina e jurisprudência francesas, com base na referida norma, terão sido, segundo o autor, *ibidem* p. 172, os seguintes: «a marca adquiria-se pelo primeiro uso; o uso anterior prevalecia sobre o registo posterior; o registo tinha, por via de regra, carácter declarativo a menos que não tivesse por suporte um uso anterior e não se opusesse a nenhum uso anterior de terceiro; o registo conferia melhor certeza, segurança e reforço do direito de marca».

[47] Considerando limitada a tutela da marca não registada em França, quando comparada com outros sistemas, nomeadamente com o alemão, veja-se Dário Moura Vicente, *A tutela internacional da propriedade intelectual* cit., p. 65. Couto Gonçalves, *Manual de Direito Industrial* cit., p. 173, fundamentando-se na norma constante do art. L712º CPIfr, refere mesmo ser o atual sistema francês um sistema «paladino do princípio do registo constitutivo».

[48] Lê-se no original: «[s]ono protetti, ricorrendone i presuppposti di legge, i segni distintivi diversi dal marchio registrato.». De acordo com Couto Gonçalves, *Manual de Direito Industrial* cit, p. 173, «a marca não registada passou a ser "codificada" como um "direito não titulado"».

sinal distintivo de um produto idêntico ou afim usado no comércio, se por causa da identidade ou semelhança entre os sinais e da identidade ou afinidade entre os produtos e serviços se puder criar um risco de confusão para o público ou um risco de associação entre os dois sinais[49]. Ainda de acordo com a al. supramencionada, considera-se, também, *conhecida* a marca que, nos termos do artigo 6º-bis da CUP, seja notoriamente conhecida junto do público-alvo.

Porém, de acordo com a mesma al. *a)*, do nº 1, do art. 12º, na sua parte final, «o uso prévio do sinal, quando não importe a sua notoriedade, ou importe a notoriedade puramente local, não retira a novidade [à marca posterior], mas o terceiro pré-usuário tem o direito de continuar a usar a marca, também para fins de publicidade, dentro dos limites de difusão local, não obstante o registo da marca semelhante»[50].

A propósito da proteção da marca notoriamente conhecida na aceção do art. 6º-*bis* CUP, é importante sublinhar que, como resulta do art. 12º/1, *f)* CPIit, a lei italiana lhe confere proteção para além do princípio da especialidade, desde que estejam verificados os pressupostos da al. *c)*, do nº 1, do mesmo art.. Na verdade, trata-se de um regime extraordinário, pois, como veremos abaixo[51], só em condições excecionais as leis permitem a proteção ultramerceológica das marcas, sendo que tal ocorre normalmente apenas para a marca de prestígio, que não para a simplesmente notória[52].

---

[49] Da versão original da norma, na redação que lhe foi dada pelo decreto legislativo nº 131, de 13 de agosto de 2010, consta o seguinte texto: «[n]on possono costituire oggetto di registrazione come marchio d'impresa i segni che alla data del deposito della domanda (a) siano identici o simili ad un segno già noto come marchio o come segno distintivo di prodotti o servizi fabbricati, messi in commercio o prestati da altri per prodotti o servizi identici o affini, se a causa dell'identità o somiglianza tra i segni e dell'identità o affinità fra i prodotti o i servizi possa determinarsi un rischio di confusione per il pubblico, che può consistere anche in un rischio di associazione fra i due segni (...)».

[50] Lê-se na versão original que «[l]'uso precedente del segno, quando non importi notorietà di esso, o importi notorietà puramente locale, non toglie la novità, ma il terzo preutente ha diritto di continuare nell'uso del marchio, anche ai fini della pubblicità, nei limiti della diffusione locale, nonostante la registrazione del marchio stesso (...)».

[51] Cf. § 9, 14.3..

[52] Refira-se, no entanto, que o art. 16º/3 do Acordo sobre os Aspetos dos Direitos de Propriedade Intelectual Relacionados com o Comércio de 1994 (Trips, abreviatura de *Agreement on Trade-Related Aspects of Intellectual Property Rights*), estabelece também a proteção ultramerceológica para às marcas notórias.

Por fim, em complemento do art. 12º/1, *a)* CPIit, estabelece o art. 25º/1, *a)*, que a marca será nula se padecer de um impedimento referido no art. 12º. De referir, porém, que, de acordo com o art. 28º/1 CPIit, os direitos dos usuários de pedir a declaração de nulidade de marca posterior registada confundível ou associável, nos termos dos art.ᵒˢ 12º e 25º/1, *a)*, ambos CPIit, precludem após tolerância, por cinco anos consecutivos, do uso da marca posterior registada, a menos que o registo desta tenha sido requerido de má fé. Contudo, de acordo com a parte final do artº 28º/1 CPIit, apesar da preclusão do direito, o titular da marca posterior não poderá opor-se ao uso da anterior ou à continuação do pré-uso.

II – Do exposto pode, portanto, concluir-se que o sistema italiano de aquisição do direito sobre a marca, apesar de baseado no registo, atribui muita relevância ao uso, tutelando as marcas usadas de notoriedade geral e local[53], apesar de, neste último caso, o usuário da marca não poder opor-se ao registo da marca igual ou semelhante, sendo-lhe concedido apenas o direito de continuar a usar a sua marca no âmbito espacial onde a mesma tem notoriedade.

Já se a marca não tiver notoriedade, então não será protegida de forma alguma, como decorre do art. 12º/1, *a)* CPIit, pois ao se estabelecer neste art. que a marca não registada poderá ser usada nos limites de difusão local, tal significa, *a contrario sensu*, que se não tiver essa difusão não poderá sequer ser usada, *sucumbindo* perante a marca registada posterior[54].

Tal como concluímos a propósito do sistema do Reino Unido, entendemos, em coerência, que também em Itália o usuário da marca acaba por adquirir um direito[55] sobre a mesma. Porém, a constituição de tal direito

---

[53] Cf. COUTO GONÇALVES, *Manual de Direito Industrial* cit., p. 171.
[54] No mesmo sentido, veja-se COUTO GONÇALVES, *Manual de Direito Industrial* cit., p. 171, nota 407, que refere, a propósito da análise do sistema italiano, que «as *marcas usadas sem notoriedade* (...) acabam por ficar privadas de qualquer protecção na hipótese de conflito com uma marca registada posterior confundível» (itálico nosso).
[55] Nas palavras de COUTO GONÇALVES, *Manual de Direito Industrial* cit., p. 172, «ao usuário de uma marca de notoriedade geral é atribuído um direito exclusivo alargado a todo o território nacional». Com efeito, e como refere o autor, *idem*, p. 171, porque a redação do art. 2º/4 permite retirar a existência de um «"direito não titulado"» sobre a marca registada, «mantêm relativa actualidade as profundas discussões doutrinárias acerca do confronto das regras de protecção da marca registada com as da marca não registada face à [lei italiana de 21 de junho de 1942, que regulava as marcas]». Sobre esta discussão no seio da doutrina italiana, veja-se,

está, ao contrário dos casos de constituição pelo registo, dependente da notoriedade geral ou local da marca e será naturalmente de cariz substancialmente mais fraco já que, se for local, apenas abrangerá o âmbito espacial onde tem notoriedade, e *não será sequer um direito exclusivo*, já que terá de *conviver* com uma marca registada posterior confundível. No entanto, se for de notoriedade geral o direito terá caráter exclusivo

III – Enfim, a terminar a análise do sistema italiano, e ainda sobre a posição jurídica do usuário da marca, cabe aludir ao Código Civil italiano (CCit), nomeadamente ao art. 2571º, inserido no capítulo III (marcas), do título VIII (estabelecimento), do Livro V (do trabalho), que, sob a epígrafe «pré-uso», estabelece «que quem tem feito uso de uma marca não registada *tem a faculdade* de continuar a usá-la, não obstante o registo obtido por outrem, nos limites em que anteriormente se valeu dela» (itálico nosso)[56].

4.4. Sistema espanhol

I – Procedamos à análise do sistema espanhol.
A lei reguladora das marcas em Espanha é a *Ley* 17/2001, de 7 de dezembro (LMes). Atente-se no art. 2º LMes, que tem como epígrafe «aquisição do direito». De acordo com o seu nº 1, «o direito de propriedade sobre a marca e o nome comercial adquire-se pelo registo validamente efetuado em conformidade com as disposições da presente Lei».

O uso tem, porém, também relevância no sistema espanhol. Em primeiro lugar, cabe referir o art. 51º/1, *b)* LMes, do qual decorre a possibilidade de o simples uso da marca obstar ao registo de marca confundível

---

por exemplo, os seguinte autores, GIANNANTONIO GUGLIELMETTI, *Considerazione in tema di marchio di fatto e di concorrenza sleale*, RDI, 1953, II, p. 323 e ss, RENATO CORRADO, *I marchi dei prodotti e dei servizi*, UTET, Torino, 1972, p. 235 e ss., BONASI BENUCCI, *Tutela del marchio non registrato*, RDI, 1957, I, p. 165 e ss.,VITO MANGINI, *Il marchio e gli altri segni distintivi*, em *Trattato di diritto commerciale*, vol V, Padova, 1982, p. 218 e ss., bem como STEFANO DE LUCA, *Azioni cautelari e marchio non registrato*, RDC, 1985, II, p. 356 e ss..

[56] No texto original opde ler-se o seguinte «[c]hi ha fatto uso di un marchio non registrato ha la facoltà di continuare ad usarne, nonostante la registrazione da altri ottenuta, nei limiti in cui anteriormente se ne e valso.». Segundo COUTO GONÇALVES, *Manual de Direito Industrial* cit., p. 172, a norma constante do art. 2571º CCit consagra o «direito de *pré-uso* que a jurisprudência e parte da doutrina vêm entendendo no sentido de ao titular da marca registada ser vedada a faculdade de uso da sua marca no âmbito territorial correspondente ao da notoriedade da marca de uso local.».

ou associável, porquanto se estabelece que o registo de uma marca poderá declarar-se nulo mediante sentença e ser objeto de cancelamento quando o requerente do registo da marca houver atuado de má fé[57].

Em segundo lugar, importa aludir ao nº 2, do art. 2º LMes, onde se estabelece que «quando o registo de uma marca houver sido solicitado com fraude dos direitos de um terceiro ou com violação de uma obrigação legal ou contratual, a pessoa prejudicada poderá reivindicar diante dos tribunais a propriedade da marca, se exercer a oportuna ação reivindicatória antes da data do registo ou no prazo de cinco anos a contar da data da publicação deste ou desde o momento em que a marca registada tenha começado a ser utilizada de acordo com o previsto no artigo 39º.». Poder-se-ia argumentar que esta norma não atribuiria relevância ao uso, na medida em que se faz referência apenas a «direitos de terceiro ou (...) violação de uma obrigação legal ou contratual», donde não resulta necessariamente que se proteja um usuário de uma marca. Porém, decorre, cremos, do nº 3 do art. 2º que está efetivamente em causa – no art. 2º/2 LMes – uma marca não registada, pois a referência à «*inscrição do novo titular no Registo de Marcas*[58]» *(itálico nosso) legitima a conclusão de que, tratando-se de um novo titular no registo*, logicamente, a marca não estaria registada em seu nome, sendo, portanto, simplesmente usada.

Em terceiro lugar, cabe referir que o ordenamento espanhol protege, também, a marca notória não registada na aceção que lhe é dada pelo art. 6º-*bis* CUP, conforme decorre do art. 34º/5 LMes, que estende as normas do mesmo artigo – que estabelecem os direitos conferidos ao titular da marca registada – ao usuário da marca notória não registada. A este propósito, refira-se, ainda, que o art. 8º LMes apenas protege a marca notória

---

[57] Como complemento interpretativo desta norma, importa atentar na exposição de motivos da LMes, nomeadamente no ponto IV, onde ser refere que a «Lei tempera o automatismo formal do nascimento do direito de marca, baseado no caráter constitutivo do registo, com o estabelecimento do princípio da boa fé registal, ao prever, como causa autónoma, a nulidade absoluta do registo de uma marca, quando a solicitação em que se baseia o dito registo houver sido apresentada de má fé». Decorre daqui, ao se referir que a lei *tempera* o caráter constitutivo do registo, que, indiretamente, se protege um eventual usuário da marca. Sobre a má fé como obstáculo ao registo da marca, pode ver-se ainda, FRAMIÑAN SANTAS, *La nulidad de la marca solicitada de mala fe*, Granada, 2007, *passim*.

[58] Sobre a marca não registada em Espanha, pode ver-se MASSAGUER FUENTES, *La protección jurídica de la marca no inscrita*, em (AA/VV – coord. BAYÓN CABOS) *Derecho de Marcas*, 2003, p. 62 e ss..

e de prestígio para além do princípio da especialidade, desde que esteja registada, o que significa, *a contrario sensu*, que a marca livre de prestígio não é protegida, em Espanha, para além do princípio da especialidade[59].

II – Em conclusão, pode afirmar-se que o sistema espanhol assenta no registo como fonte do direito sobre a marca. Abre, no entanto, algumas exceções, conferindo relevância ao uso nos casos de pedido de marca registada de má fé, nos casos do supracitado art. 2º/2, bem como nos casos de marca notória na aceção do art. 6º-*bis* CUP. Recorde-se, no entanto, que, no que diz respeito às marcas de prestígio – bem como às simplesmente notórias –, só as protege para além do princípio da especialidade se estiverem registadas.

4.5. Sistema dinamarquês

Por fim, cabe fazer uma breve referência ao sistema dinamarquês, por ser um sistema original no que diz respeito à importância conferida ao uso, quando comparado com os que temos vindo a abordar, que colocam o acento tónico no registo. Como veremos, o sistema dinamarquês é semelhante ao alemão.

O instrumento normativo regulador da marca é a *Lov* nº 341 de 6 de junho de 1991 (VL, abreviatura de *Varemærkelov*). Importa atentar no art. 3º, que tem como epígrafe «estabelecimento do direito sobre a marca». Refere-se no seu nº 1 que «o direito sobre a marca poderá ser estabelecido, quer (i) por registo de uma marca de acordo com as regras da presente lei para os bens ou serviços constantes do registo, quer (ii) *pelo início do uso*

---

[59] Tal asserção resulta, ainda, da exposição de motivos da LMes, nomeadamente do ponto IV, onde se estabeleceu o seguinte: «especial menção deve fazer-se ao reforço da proteção das marcas notórias e *renombradas* [equivalente à marca de prestígio; porém, não há diversidade de regime face à marca notória, já que a LMes trata ambas sempre em conjunto, com idêntico regime]. Para tal estabelece-se, pela primeira vez no nosso ordenamento, uma definição legal do conceito de marca notória e *renombrada*, fixando o alcance da sua proteção. A marca notória é conhecida por um setor pertinente do público a que se destinam os seus produtos ou serviços e, *se estiver registada*, protege-se acima do princípio da especialidade segundo o seu grau de notoriedade e, se não estiver, faculta-se ao seu titular [no âmbito do princípio da especialidade, entenda-se] o exercício da correspondente ação de nulidade, dentro de certo prazo, bem como a apresentar oposição ao registo por via administrativa. Quando a marca é conhecida pelo público em geral, considera-se que a mesma é *renombrada* e o alcance da sua proteção estender-se-á a qualquer género de produtos ou serviços» (itálico e negrito nosso).

de uma marca neste país para os bens ou serviços para os quais a marca começou a ser usada e para os quais é continuamente usada»[60].

No entanto, como é natural, estabelece-se no art. 3º/2 VL que «o uso de uma marca que, de acordo com a sua natureza, não possa ser registada, não deverá estabelecer qualquer direito sobre ela». Com efeito, o uso deverá conferir o direito, na medida em que a marca cumpra os requisitos mínimos para ser considerada como tal. Em complemento desta ideia, estabelece, porém, o nº 3 que, «se a marca é desprovida do requerido caráter distintivo no início do uso, o direito não deverá ser estabelecido até que o caráter distintivo seja gerado pelo uso da marca.».

Assim, como se pode ver, o sistema dinamarquês assenta, à semelhança do alemão e do norte-americano, quer no registo, quer no uso, para fundar a aquisição do direito sobre a marca.

§ 3º A AQUISIÇÃO DO DIREITO SOBRE A MARCA NO SISTEMA INTERNACIONAL DE MARCAS

5. Consideração geral

I – Relativamente ao sistema internacional de marca, procederemos à análise do acordo de Madrid relativo ao Registo Internacional de Marcas de 11 de abril de 1891 (AM) e do Protocolo de 27 de junho de 1989 relativo ao Acordo de Madrid (PAM). Faremos, também, referência à CUP para onde estes remetem e da qual são, de certa forma, concretizações[61].

Os Estados que ratificaram os acima referidos tratados constituem a denominada União de Madrid, concretizada administrativamente pela Organização Mundial da Propriedade Intelectual (OMPI). Esta União

---

[60] Na versão inglesa da VL, pode ler-se no referido art. 3º/1 que «[a] trademark right may be established either (i) by registration of a trademark in accordance with the rules of this Act for the goods or services comprised by the registration; or (ii) by commencement of use of a trademark in this country for the goods or services for which the trademark has commenced to be used and for which it is continuously used».

[61] Conforme refere OLIVEIRA ASCENSÃO, *Direito Comercial*, II, cit., p. 187, o objetivo do AM foi a «simplificação burocrática» face à CUP, já que, como veremos, nos termos do AM, bastará pedir o registo internacional no país de origem para que a marca seja protegida nos outros países da União, que não recusem a proteção (art.ºs 3º a 4º AM), ao passo que, segundo a CUP, seria sempre necessário efetuar o pedido em cada um dos países da União de Paris (art.ºs 4º e 6º-*quinquies* CUP).

funda-se no disposto no art. 19º da CUP, onde se estabeleceu «que os países da União se reservam o direito de, separadamente, celebrar entre eles acordos particulares para a protecção da propriedade industrial, contanto que esses acordos não contrariem as disposições da [CUP]». Pode, assim, dizer-se que a União de Madrid constitui uma União Especial no seio da União de Paris.

II – Como veremos, o sistema português – tal como outros sistemas[62] – acolhe o AM através de remissão para o mesmo, nomeadamente nos art.[os] 248º e ss., pelo que a análise deste sistema, para além de contribuir para o enquadramento geral do problema da aquisição do direito sobre a marca, auxiliar-nos-á, depois, na compreensão do sistema português.

6. O modo de aquisição do direito sobre a marca no sistema internacional de marcas

I – Do art. 4º/1 AM (e, também, PAM, pois apesar de a redação ser ligeiramente diferente, o conteúdo é similar) resulta que é, como regra, a partir do registo que o direito sobre a marca se adquire. Refere a norma que «a *partir do registo* feito (...) na secretaria internacional, segundo as disposições dos artigos 3º e 3º-*ter*, a protecção da marca em cada um dos países contratantes interessados é a mesma que a marca teria se neles tivesse sido directamente registada» (itálico nosso).

Assim, por exemplo, uma empresa portuguesa, que queira registar a marca dos seus bens e pretenda que a mesma tenha eficácia noutros países, não precisará de pedir o registo nos Estados que façam parte da União de Madrid[63], bastando fazer o pedido no Instituto Nacional da Propriedade Industrial (INPI), nos termos previstos no art. 248º e ss.. Deste modo, no que diz respeito aos países contratantes, o interessado em registar uma marca poderá optar por pedir um registo internacional nos termos do art. 3º e ss. do AM ou PAM. Tal pedido é feito junto da administração do país de origem (em Portugal, o INPI), sendo que o registo da marca internacional é feito na Secretaria Internacional da OMPI.

[62] É o caso do sistema norte-americano (cf. 15 U.S.C. § 1141 e ss.).
[63] Ao contrário do que se verifica no âmbito da CUP, como se mencionou na nota 61, de acordo com a qual é necessário o registo em cada um dos Estados onde o interessado queira beneficiar de proteção (art. 6º-*qinquies*), conferindo o primeiro pedido de registo num dos países da união apenas e só o direito de prioridade durante seis meses para pedir o registo nos outros países (art. 4º CUP).

II – Vejamos agora a relevância que o mero uso da marca poderá ter no âmbito do sistema internacional.

Como é natural, o AM e o PAM preveem casos em que as administrações dos países ou organizações partes poderão recusar a proteção, nos correspondentes territórios, das marcas de registo internacional. É no art. 5º AM que se encontram os fundamentos para tal recusa. Ora, tal como se tem visto a propósito da análise dos sistemas anteriores, também no sistema internacional de marcas a relevância do mero uso na aquisição de posições jurídicas sobre a marca resulta dos fundamentos de recusa da proteção da marca registada. Analisemo-los.

De acordo com o art. 5º, confere-se aos países, cuja legislação o permita, a faculdade de declarar que a proteção de uma marca não poderá ser concedida no seu território, contanto que tal *recusa se circunscreva aos fundamentos resultante da CUP*.

Ora, tais fundamentos constam dos art.ºs 6º-*bis* e 6º-*quinquies*, ambos da CUP.

Assim, a margem para os países da União de Madrid recusarem a protecção de uma marca – cujo registo internacional tenha sido requerido – no seu território encontra-se nos seguintes 3 fundamentos:

i) A marca cujo registo internacional foi requerido, ou parte essencial da mesma, constitui *reprodução, imitação ou tradução, suscetíveis de estabelecer confusão*, de uma *marca notoriamente conhecida* no país em causa – isto é, aquele que pretende proceder à recusa da proteção da marca no seu território – como sendo já a marca de uma pessoa a quem a CUP aproveita e utilizada para produtos idênticos ou semelhantes (artº 6º-*bis*/1 CUP, *ex vi* do art. 5º/1 AM ou PAM);

ii) A marca cujo registo internacional foi requerido é suscetível de implicar *lesão de direitos adquiridos* por terceiros no país em que a proteção é requerida (artº 6º-*quinquies*/A)/1 CUP, *ex vi* do art. 5º/1 AM ou PAM);

iii) A marca cujo registo internacional foi requerido é suscetível de gerar concorrência desleal[64] nos termos dos n.ºs 2 e 3 do artº 10º-*bis* CUP (art. 10º-*bis*, *ex vi* do art. 5º/1 AM ou PAM).

---

[64] Note-se, no entanto, que, aqui, estamos a entrar já fora do domínio dos direitos sobre a marca, tratando-se antes de posições protegidas reflexamente pelo instituto da prevenção e repressão da concorrência desleal. Sobre este aspeto debruçar-nos-emos melhor no § 9º, 15.

O regime de oposição à proteção da marca num Estado contratante demonstra, portanto, que, não obstante o sistema internacional de marcas se basear no registo para estabelecer o direito sobre a marca, se acaba por conferir *relevância ao mero uso para efeitos de aquisição de posições jurídicas*. Mas frise-se: à exceção do art. 6º-*bis*, a CUP não alude diretamente à marca livre, limitando-se a remeter para o Direito interno dos Estados.

Assim, podemos concluir que o sistema internacional de marcas é fortemente baseado no registo, sendo que, diretamente dos próprios AM, PAM e CUP, o uso apenas releva se se tratar de uma marca notoriamente conhecida, podendo relevar, para além disso, nos termos dos Direitos internos dos países da União.

III – Por fim, a propósito da possibilidade de recusa, por parte dos países da União, da proteção, nos seus territórios, das marcas de registo internacional, e antecipando, desde já, um aspeto relativo à análise do sistema português, que nos parece preferível em termos sistemáticos analisar agora, importa fazer uma referência ao art. 254º CPI.

De facto, a uma primeira vista, parece resultar uma desarmonia entre o art. 254º CPI e a AM e PAM. Com efeito, refere a norma constante do art. 254º, inserido no âmbito da subsecção dedicada ao registo internacional, que será «recusada a protecção em território português a marcas do registo internacional *quando ocorra qualquer fundamento de recusa do registo nacional*» (itálico nosso). Ora, poder-se-ia julgar que a norma violaria em parte o art. 5º/1 AM e PAM, porquanto permitindo este preceito aos países da União de Madrid a recusa da proteção de uma marca internacional no seu país *apenas* nos casos previstos na CUP, tal significaria que não poderiam as legislações nacionais ir para além do estabelecido no art. 5º/1[65].

Porém, o problema é apenas aparente. Na verdade, a CUP, nomeadamente no seu art. 6º-*quinquies*/B/1 e parte final – que remete para o art. 10º-*bis* –, dá manifestamente abertura suficiente aos Estados para criarem as suas próprias incompatibilidades com o registo internacional, pelo que o art. 254º mais não faz do que refletir essa liberdade.

---

[65] É esta a opinião de COUTINHO DE ABREU, *Curso de Direito Comercial*, I cit., p. 396.

§ 4º A AQUISIÇÃO DO DIREITO SOBRE A MARCA NO SISTEMA DA UNIÃO EUROPEIA

7. Considerações gerais sobre a marca comunitária

I – A integração jurídica da União Europeia rumo à *consolidação e aperfeiçoamento do mercado interno*, dependia, naturalmente, da criação de direitos de propriedade industrial à escala da mesma União[66], ou seja, de direitos com reconhecimento em todos os Estados, pressuposto imprescindível à boa efetivação do princípio basilar da livre circulação dos bens. Com efeito, se a livre circulação de bens não for complementada com o reconhecimento à escala europeia das marcas, então a função do Direito da Propriedade Industrial de garantir a lealdade na concorrência através da atribuição de direitos privativos sairá frustrada, já que o titular de uma marca não poderá opor-se ao uso, além-fronteiras – no local para onde eventualmente começasse a exportar os seus bens –, de uma marca igual à sua, para bens semelhantes, porquanto o seu direito privativo sobre a marca estaria espacialmente limitado ao país de origem. É certo que existia já, para estes efeitos, o acima referido sistema internacional de marcas. No entanto, constituindo a União Europeia uma união essencialmente económica, impunha-se, naturalmente, a criação de uma marca comunitária[67], como complemento necessário da livre circulação de mercadorias.

Tal marca tem na sua génese o Regulamento (CE) nº 40/94, de 20 de dezembro de 1993, tendo sido criada uma instituição para a concretizar administrativamente: o Instituto de Harmonização do Mercado Interno (IHMI), com sede em Alicante. O referido Regulamento seria entretanto revogado pelo, atualmente em vigor, Regulamento (CE) nº 207/2009, de 26 de fevereiro de 2009 (RMC).

---

[66] COUTO GONÇALVES, *Manual de Direito Industrial* cit., p. 325.
[67] Sobre a marca comunitária, pode ver-se OLIVEIRA ASCENSÃO, *A marca comunitária*, em (AA/VV – OLIVEIRA ASCENSÃO (coord.)), *Direito Industrial*, vol. II, Coimbra. 2002, idem, *marca comunitária e a marca nacional – Parte II – Portugal*, em (AA/VV – OLIVEIRA ASCENSÃO (coord.)), *Direito Industrial*, vol. II, Coimbra. 2002, p. 563 e ss., idem, *A marca comunitária*, em *O Direito*, Lisboa, 2001, pp. 511-546, SILVA CARVALHO, *A marca comunitária*, Coimbra, 1999, LUÍS FERRÃO, *Marca comunitária*, Coimbra, 1999, *passim*. Mais especificamente sobre a questão da marca comunitária de prestígio, pode ver-se NOVAIS GONÇALVES, *A marca prestigiada no Direito Comunitário das marcas – a propósito da oposição à marca comunitária*, (AA/VV – OLIVEIRA ASCENSÃO (coord.)), *Direito Industrial*, vol. V, Coimbra. 2008, p. 311 e ss..

No que diz respeito ao regime essencial do RMC, refira-se que o mesmo se aproxima, como é natural, do regime da DM, razão pela qual as leis internas tenderão a aproximar-se da matriz do RMC.

II – Impõe-se, ainda, antes de analisar mais detalhadamente o sistema comunitário de aquisição do direito sobre a marca, aludir, em sede de considerações gerais, a três aspetos sobre a marca comunitária. Em primeiro lugar, refira-se desde já que o RMC assenta a aquisição do direito sobre a marca – tal como a DM – no registo. Tal é refletido, desde logo, no considerando 7, nos termos do qual, o «*direito à marca comunitária só poderá ser adquirido por registo*». Em segundo lugar, importa aludir àquele que é um princípio basilar do sistema da marca comunitária: o *princípio da unidade* da marca comunitária, refletido no art. 1º/2 RMC, nos termos do qual a «marca comunitária produz os mesmos efeitos em toda a Comunidade: só pode ser registada, transferida, ser objecto de renúncia, de decisão de extinção de direitos do titular ou de anulação, e o seu uso só pode ser proibido, *para toda a Comunidade*». Por fim, a concluir estas considerações gerais sobre a marca comunitária, refira-se que o registo da mesma é efetuado pelo acima mencionado IHMI.

8. O registo como modo de aquisição do direito sobre a marca e a relevância do uso no sistema da União Europeia

I – O art. 6º RMC, concretizando o considerando nº 7, estabelece perentoriamente que «a marca comunitária [se] adquire por registo». Porém, apesar de ser este o modo de aquisição do direito sobre a marca, tal não significa que não seja atribuída relevância ao uso para efeitos de aquisição de algumas posições jurídicas sobre a marca, em moldes semelhantes aos já expostos a propósito das análises, dos diversos sistemas, acima efetuadas.

Nos termos do art. 8º/1 RMC, o pedido de registo de uma marca será recusado, «após oposição do titular de uma *marca anterior*» (itálico nosso), em casos de identidade ou semelhança, nos termos das al. *a)* e *b)*, do artº 8º/1 RMC, sendo que, de acordo com a al. *c)*, do nº 2 do mesmo art., serão consideradas *marcas anteriores* «as marcas que, à data do depósito do pedido de marca comunitária ou, se aplicável, à data de prioridade[68] invocada em apoio do pedido de marca comunitária, sejam *notoriamente conhecidas* num

---

[68] O direito de prioridade é estabelecido pelos art.ᵒˢ 29º e ss..

Estado-Membro, na acepção do artigo 6º *bis* da Convenção de Paris» (itálico nosso). A oposição ocorrerá nos termos do art. 41º/1 RMC.

Para além do poder de se opor, o titular da marca *notoriamente* conhecida pode, também, nos termos do art. 53º/1, *a)* RMC, pedir junto do IHMI a declaração de nulidade da marca registada posterior, precludindo este poder, no entanto, se o titular da marca *notória* tolerar a utilização da marca posterior registada durante 5 anos no Estado-membro onde a primeira tenha a notoriedade, a menos que o depósito da marca posterior tenha sido efetuado de má fé (art. 54º/2 RMC). Daqui decorre, portanto, que a marca notória, ainda que não registada no Estado de origem, tem relevância no âmbito do RMC.

A relevância do uso aparece, também, no RMC, indiretamente, por via da remissão para os ordenamentos dos Estados-Membros e para legislação europeia: de acordo com o nº 4, do art. 8º RMC, pode ser recusado o pedido de registo de uma marca quando um usuário de *marca não registada confundível ou associável anterior* se oponha, desde que esta *não tenha alcance somente local*[69], e contanto que na *legislação europeia ou do Estado-Membro aplicável a essa marca não registada*:

i) Tenham sido adquiridos direitos sobre essa marca livre antes da data de depósito do pedido da marca comunitária ou, se for caso disso, antes da data de prioridade invocada em apoio do pedido de marca comunitária; ou

ii) Essa marca não registada confira ao seu titular o direito de proibir a utilização de uma marca posterior.

Confere, portanto, o art. 8º/4 RMC relevância ao uso indiretamente, por via de remissão para as legislações europeia e dos Estados-Membros. Sublinhe-se que não se trata tanto de cedências ao uso com o intuito de corrigir eventuais desvantagens de um sistema eminentemente baseado no registo. O que está em causa é, antes, a necessidade de o RMC ter de conviver com os vários Estados-Membros, o que obriga a respeitar tradições e sistemas jurídicos que preveem a aquisição do direito sobre a marca com o simples uso, como é o caso, nomeadamente, da Dinamarca e da Alemanha.

---

[69] Este aspeto é fundamental e consta expressamente do art. 8º/4 RMC.

Importa, agora, estabelecer a distinção entre a primeira situação acima referida, constante da conjugação do nº 1, do art. 8º, com a al. *c)* do nº 2, do mesmo art., e a segunda situação mencionada, resultante do nº 4 do art. 8º.

No primeiro caso, estamos perante uma marca que deve ser notória num Estado-Membro, na aceção do art. 6º-*bis* da CUP, independentemente do que a legislação desse Estado-Membro estabeleça, ou seja, não obstante o uso da marca, de acordo com as leis do Estado, não conferir ao usuário qualquer direito. No fundo, o que está em causa é o acolhimento pelo RMC da regra constante da CUP.

Já no segundo caso – do nº 4, do art. 8º –, está em causa uma marca que não terá de ser necessariamente notória, nos termos mencionados – pois se assim fosse aplicar-se-ia o nº 2, *c)*, do art. 8º –, mas cujo uso, de acordo com a legislação comunitária ou o direito do Estado-Membro donde a marca é originária, tenha gerado direitos sobre a marca, contanto que, aspeto da maior importância, o «alcance [do sinal] não seja apenas local».

Parece-nos óbvio, no entanto, apesar de a lei não ser clara, que a proteção do sinal neste caso não poderá extravasar o princípio da especialidade[70], pelo que as als. *a)* e *b)*, do nº 1, do art. 8º deverão considerar-se implícitas na norma constante do nº 4 do art. 8º.

II – Vejamos agora um aspeto que reflete particularmente a importância do registo no sistema comunitário. Prende-se com a relevância da marca de prestígio não registada[71]. Como veremos, no sistema nacional, a proteção da marca de prestígio extravasa o princípio da especialidade. Porém, tal proteção ultramerceológica só ocorre no RMC se a *marca de prestígio for registada*, diversamente do que sucede no sistema nacional, na medida em que o nº 5, do art. 8º RMC, alude a «marca anterior (...) registada». Tal aspeto é, pois, demonstrativo da menor relevância do uso no sistema da União Europeia.

No entanto, ainda assim, é legítimo colocar dúvidas relativamente à interpretação do art. 8º/5, porquanto o mesmo, ao remeter para o conceito de «marca anterior na acepção do nº 2 [do art. 8º]», poderia auto-

---

[70] O mesmo se diga para as marcas notórias, já que a al. *c)*, do nº 2, do art. 8º, aparece apenas como concretização do nº 1, onde se consagra a proteção das marcas apenas no âmbito do princípio da especialidade.

[71] A marca de prestígio será melhor analisada infra, a propósito do sistema português.

rizar a inclusão nele da marca notória não registada prevista na al. *c)*, do referido nº 2.

No entanto, apesar da dúvida, parece-nos que a letra do nº 5 deverá prevalecer no sentido de não ser conferida proteção ultramerceológica à marca de prestígio não registada.

III – Em conclusão, pode referir-se que o RMC é quase absolutamente baseado no registo para fundamentar a aquisição do direito sobre a marca. Apenas abre uma exceção para as marcas notórias, caso em que se trata de um direito exclusivo, pois o seu titular pode impedir outros de usarem marca confundível. Depois, tolera a importância do uso para conviver com e respeitar os Estados que o preveem, não o erigindo diretamente – à exceção da marca notória, repita-se – a modo de aquisição de quaisquer direitos.

O princípio da unidade, segundo o qual a marca comunitária produz os mesmos efeitos em toda a União, tem de se harmonizar com a existência dos ordenamentos singulares dos vários Estados-Membros[72]. Assim, apesar de o objetivo ser a substituição paulatina das marcas meramente nacionais pela marca comunitária, terá, contudo, de haver respeito pelas situações jurídicas adquiridas à luz dos ordenamentos jurídicos nacionais[73].

IV – Fora já do RMC, mas ainda no âmbito do Direito da União Europeia (nomeadamente, da DM), parece-nos curial fazer uma breve referência a um aspeto que reflete a importância do uso, não na aquisição do direito sobre a marca, mas antes na formação da própria marca necessária ao posterior surgimento do direito. Trata-se do princípio do *secondary meaning*.

Resulta de tal princípio que, em certos casos, a marca propriamente dita terá de *nascer* com o mero uso, antes do registo, para que o usuário a possa posteriormente registar (art. 3.º/3 DM)[74]. Com efeito, o art. 3º/3 DM, que impõe aos Estados-membros o princípio do *secondary meaning*, exige, no caso de marcas que, pelos motivos indicados nas al. *b)*, *c)* e *d)* do art. 3º,

---

[72] COUTO GONÇALVES, *Manual de Direito Industrial* cit., p. 327.
[73] Conforme refere COUTO GONÇALVES, *Manual de Direito Industrial* cit., p. 327, a propósito da análise da marca comunitária, o «titular da marca anterior (ordinária, notória ou de prestígio) pode opor-se ao registo de uma marca comunitária posterior ou pedir a nulidade do respectivo registo» (art. 8º/2, *a)*-ii), *c)*, 4 e 5, 41º/1, *a)* e art. 53º/1, *a)*, todos do RMC).
[74] Cf. COUTO GONÇALVES, *Manual de Direito Industrial* cit., p. 176, nota 426.

não poderiam ser, à partida, registadas, *um uso da marca, prévio ao registo*, gerador de caráter distintivo, ou seja, de um *secondary meaning*, o qual permitirá, assim, excecionalmente, obter o registo. Trata-se, portanto, de um caso específico em que o uso é *conditio sine qua non* não da constituição do direito, mas da génese da própria marca.

Secção II
Os sistemas "*use-based*" e "*registration-Based*" e as valorações subjacentes

§ 5º ENQUADRAMENTO DOS SISTEMAS CONCRETOS ANALISADOS NOS SISTEMAS ABSTRATOS "*USE-BASED*" E "*REGISTRATION-BASED*"

9. Caraterização dos dois sistemas abstratos de aquisição do direito sobre a marca
I – Feita uma análise panorâmica, ainda que resumida, de alguns sistemas nacionais e internacionais do Direito de Marcas, no que diz respeito à específica questão da aquisição de direitos sobre a marca, mais concretamente da importância do registo e do uso em tal aquisição, cabe, agora, fazer a caraterização dogmática dos sistemas abstratos possíveis, procedendo, depois, ao enquadramento nestes dos sistemas analisados.

Tal ponto, apesar de eminentemente teórico, será de extrema utilidade, porquanto postulará uma abstração que se revelará proficuíssima: por um lado, permitir-nos-á *tocar* na essência do problema subjacente aos modos de aquisição do direito sobre a marca; por outro, potenciará a determinação de conceitos-chave imprescindíveis para a exposição das nossas ideias ao longo deste estudo.

Iremos primeiramente proceder à caraterização dos dois modelos abstratos e radicais internacionalmente designados por "*use-based system*" e "*registration-based system*". Como veremos, atualmente, nenhum dos regimes analisados se subsume a qualquer um dos sistemas abstratos na sua pureza, porquanto tais regimes combinam sempre em si, aspetos dos dois sistemas. No entanto, para além das razões já apontadas, será benéfica, com vista a uma melhor compreensão das discussões doutrinárias em torno do tema do presente estudo, a definição dos traços essenciais dos sistemas abstratos, por serem comummente referidos no âmbito das referidas discussões.

Advirta-se, no entanto, desde já, que a caraterização que faremos do *"registration-based system"* será, em parte, original, porquanto não encontrámos em lugar algum uma determinação rigorosa, o que, no nosso entender, deverá ser feito, com vantagens ao nível da organização das ideias.

II – Começando pela expressão *use-based*, podemos referir que a mesma não é usada de modo uniforme pela doutrina. Na verdade, tal expressão é usada em duas aceções diferentes, ambas, de resto, aceitáveis.

Assim, a expressão é, por vezes, usada simplesmente para designar um determinado regime que preveja que os direitos sobre a marca possam resultar direitamente do mero uso, ou, por outras palavras, possam surgir independentemente do registo[75].

Porém, a expressão é, também, usada numa aceção mais rigorosa, querendo significar mais do que o acima referido. Nesta outra aceção, para além de o direito sobre a marca se adquirir *somente* com o uso, quem quisesse fortalecer a sua posição através do registo – já que mesmo os sistemas de uso sempre previram a possibilidade de registar, com efeitos benéficos ao nível de uma maior segurança para o titular da marca, como acima se demonstrou a propósito da análise do sistema norte-americano – *teria de demonstrar o prévio uso efetivo da marca no comércio, sob pena de não a poder registar*. Significa isto que *antes de registar não havia outra alternativa a não ser usar,* pelo que o sistema *use-based*, na sua aceção pura, seria aquele que promoveria inevitavelmente o uso antes do registo. Assim, neste sentido, o sistema *use-based* não só postula que o direito se adquira com o uso, como afasta a possibilidade de aquisição pelo registo[76]. Por outras pala-

---

[75] Neste sentido, pode ver-se DÁRIO MOURA VICENTE, *A tutela internacional da propriedade intelectual*, Coimbra, 2009, p. 63. Assim, por exemplo, porque, *ibidem*, p. 63 «nos Estados Unidos *o uso da marca* a fim de identificar bens ou serviços confere, por si só, direito à respetiva proteção contra a sua utilização por terceiros, desde que o sinal em questão goze de caráter distintivo» (itálico nosso), o seu sistema é dito *use-based*.

[76] Sobre os critérios para distinguir o *"use-based system"* do *"registration-based system"*, veja-se SHOEN ONO, *Overview of japanese trademark law* cit., p. 1. O autor considera os sistemas onde é possível o registo com a simples intenção de usar como *"strictly registration-based"*, pelo que, segundo o seu critério, parece, o regime norte-americano atualmente enquadrar-se-ia em tal sistema. Da p. 4 do mesmo estudo, decorre que, para o autor, a distinção se faz consoante seja ou não requisito para o registo o uso efetivo prévio da marca. Assim, se tal uso não é

vras: um sistema *"use-based"* puro seria um sistema nos termos do qual o uso não só constituiria fundamento, como também *conditio sine qua non* da aquisição do direito.

Resumindo: enquanto na primeira aceção o direito poderá ser originariamente adquirido quer com o uso, quer com o registo[77]; já na segunda, o uso é *conditio sine qua non* para a aquisição do direito, sendo o registo apenas um modo de reforçar um direito já adquirido.

Como referimos, ambas as aceções têm as suas raízes criadas na doutrina, pelo que não deveremos prescindir de nenhuma. Porém, porque são diferentes as ideias, deverá ser diferente o vocábulo ou a expressão que as denomine, sob pena de se gerar confusão. Destarte, propomos a seguinte terminologia: para designar o primeiro sentido acima referido parece-nos adequada a expressão "sistema *use-based lato sensu*"; para o segundo sentido propomos "sistema *use-based stricto sensu*". Com efeito, *o primeiro sentido* pode dizer-se *mais vago* e por isso *mais lato*: basta prever-se o uso como modo de aquisição do direito. O *segundo mais preciso*, e por isso *mais restrito*: não basta que o uso seja modo de aquisição do direito, sendo ainda necessário que seja o único modo para tal.

Ademais, porque os sistemas concretos que se subsumem ao modelo *use-based lato sensu* admitem a aquisição do direito sobre a marca também com o registo, sem que tenha, portanto, havido uso prévio, usaremos, outrossim, como expressão equivalente para os designar a expressão *"sistema misto" de aquisição do direito* sobre a marca.

III – Quanto à expressão *registration-based system*, adotaremos, como acima referimos, uma ideia original, que se nos impõe, por questões de coerência com a caraterização acima feita do *use-based system*. Assim, em termos simétricos face aos supramencionados, entendemos estar a expressão *registration-based system* apta para designar duas realidades diversas.

Num *sentido mais vago*, um sistema *registration-based* será aquele de cuja *expressão normativa superficial* – no sentido de aparente – se infere que o direito sobre a marca se adquire com o registo, concluindo-se, no entanto, com uma análise mais profunda do mesmo sistema – da *expressão norma-*

---

necessário, atribuindo o registo direitos privativos sobre a marca, então estaríamos perante um sistema de registo.

[77] É o atual sistema norte-americano, onde se permite, desde 1988, a aquisição pelo registo com base na mera intenção de uso futuro [cf. o 15 USC § 1051(b)(1)].

tiva subjacente, digamos assim – que, afinal, em certos casos, mais ou menos excecionais, os direitos exclusivos podem resultar do mero uso. É precisamente o que ocorre com todos os sistemas acima analisados, à exceção do norte-americano, alemão e dinamarquês.

Num *sentido puro* – mais rigoroso, portanto –, o sistema *registration--based* consistiria naquele que *afastasse absolutamente qualquer relevância do uso* como modo de aquisição de posições jurídicas sobre a marca, concedendo unica e exclusivamente ao registo o caráter de fonte de aquisição do direito sobre a marca.

Como pode ver-se, ambas as aceções são simétricas das que acima vimos a propósito do *use-based system*. Note-se, no entanto, que a doutrina apenas usa a expressão "*registration-based*" no primeiro sentido acima mencionado. Na verdade, repise-se, é por questões de coerência e de harmonização terminológica que atribuímos à expressão o segundo sentido, sendo que nos parece importante fazê-lo, em termos de rigor conceptual.

Se no caso do *use based system stricto sensu* existiu, de acordo com o que estudámos, um sistema concreto que o adotou: o norte-americano. Já no caso do *registration-based* puro, o mesmo constitui apenas uma idealização, porquanto não existe – não obstante poder vir um dia a ser uma realidade, porventura desejável[78] pela segurança que traria – um único sistema de registo puro, pelo menos de acordo com os regimes estudados. De facto, todos os sistemas, de uma maneira ou de outra, concedem, ainda que em situações excecionais, a possibilidade de uma marca meramente usada poder constituir fonte de oposição, por parte do seu usuário, ao registo de outra marca confundível ou associável, independentemente da existência em concreto de concorrência desleal, o que constitui, indubitavelmente, um direito sobre a marca, pois se não há concorrência desleal…

Também para designar as duas mencionadas aceções, juntaremos os vocábulos *lato sensu* ou *stricto sensu*, consoante se trate do primeiro sentido ou do segundo, respetivamente.

---

[78] Desejável apenas na medida em que estivesse assimilada pelos sujeitos a importância do registo como uma questão de salvaguarda do próprio direito, como uma *conditio sine qua non* da sua constituição, pois, na inexistência de tal assimilação, um tal sistema poderia atraiçoar a própria função do Direito de Propriedade Industrial de garantir a lealdade da concorrência, já que permitira que a diligência abelhuda vencesse a inofensiva negligência ingénua. A consagração de um sistema de registo puro suporia, portanto, uma evolução cultural face ao atual panorama.

IV – Ainda a propósito da caraterização dos sistemas abstratos, um aspeto há a referir. Poder-se-ia criticar a adoção proposta da expressão "sistema misto" como sinónima da de sistema *use-based lato sensu*, porquanto, também no sistema *registration-based lato sensu*, o direito sobre a marca pode, afinal, ser adquirido com o uso, sendo assim a expressão "sistema misto" apta para designar ambos os sistemas.

Porém, a adoção da expressão sistema misto deve ser reservada para sinonimizar apenas a expressão *use-based lato sensu*. É que neste sistemas, o uso e o registo aparecem como dois modos *alternativos* – consubstanciando, portanto, ambos a *regra* – de aquisição do direito sobre a marca, enquanto no sistema *registration-based lato sensu* a aquisição do direito com o uso surge como uma *exceção à regra* da aquisição do direito sobre a marca com o registo, sendo, por isso, excessivo e, assim, impertinente designá-lo de sistema misto.

10. Enquadramento dos sistemas concretos nos sistemas abstratos

I – Como resulta do supra exposto, existem apenas quatro sistemas abstratos possíveis de aquisição do direito sobre a marca. Destarte, todos os sistemas concretos terão forçosamente de se enquadrar num deles[79]. Passemos, então, à relacionação dos sistemas concretos estudados com os abstratos acima caraterizados.

A conclusão que pode ser, desde já, retirada da análise dos sistemas nacionais e internacionais à luz dos quatro sistemas abstratos supra-expostos é a de que nenhum sistema se reconduz aos dois extremos, isto é, aos sistemas de uso e registo puros[80]. Todos eles combinam a relevância do registo com a relevância do uso, pertencendo, portanto, aos dois sistemas no sentido mais vago, isto é, mais lato.

---

[79] Fica, assim, demonstrada a utilidade – à qual aludimos acima – do esforço de abstração que fizemos. Estruturámos quadros mentais que, permitindo a subsunção em si de todo e qualquer sistema, promovem uma melhor compreensão do problema da aquisição do direito sobre a marca. Para além disso, permitiu tal esforço a aquisição de termos que nos serão assaz úteis para a transmissão clara das ideias e que são, outrossim, indispensáveis, futuramente, ao rigor do debate científico em torno do tema.

[80] Constatando tal, a propósito da análise de alguns sistemas estrangeiros, veja-se COUTO GONÇALVES, *Direito industrial* cit., 175. Refere o autor que «não há sistemas puros de aquisição do direito de marca, isto é, nenhum dos sistemas em referência se apoia, exclusiva e absolutamente, em um dos referidos modos [o uso ou o registo] de aquisição do direito de marca ignorando completamente o restante».

II – No entanto, quanto ao sistema *use-based stricto sensu*, podemos afirmar que o regime norte-americano se enquadrava no mesmo antes da alteração de 1988, levada a cabo pela lei 100-677 de 16 de Janeiro de 1988, na medida em que, não só se estabelecia que o direito se adquiria com o uso, como se determinava que, sem ele, não se poderia registar o direito. Era, pois, um sistema puro de uso: não se *misturava* com o registo. Este servia apenas para consolidar um direito já adquirido pela única forma possível: o uso.

Atualmente, porém, e com a possibilidade de se poder pedir o registo com a mera intenção de uso (*"intent-to-use"*), a pureza do sistema perdeu-se[81]. Note-se, no entanto, que, ainda assim, com as exigências de comprovação de uso logo após o registo, acaba por se manter parte da essência da tradição norte-americana *"used-based"*. No entanto concebemos, à luz da terminologia que adotámos acima, o atual sistema norte-americano como um *sistema misto* – ou *use-based lato sensu* – já que resulta ostensivamente da lei que o direito sobre a marca pode ser adquirido, quer com o uso, quer com o registo.

Também os *sistemas dinamarquês e alemão*, onde se admite claramente a possibilidade de aquisição do direito sobre a marca com o uso, não podem ser considerados sistemas puros de uso, já que se admite também a aquisição com o registo sem que, portanto, tenha havido uso prévio, sendo, destarte, também eles, *sistemas mistos*.

III – Quanto ao sistema *registration-based stricto sensu*, nos termos em que acima o concebemos, não encontramos, como dissemos já, um único sistema concreto que a ele se subsuma. Com efeito, mesmo nos sistemas em que se erige o registo a modo de aquisição único do direito sobre a marca, a verdade é que, na prática, acaba por se atribuir a um sujeito, ainda que em casos excecionais, o direito de impedir que outros registem uma marca que o primeiro apenas usa, independentemente de existência de concorrência desleal, o que configura a existência de um direito. Trata-se, portanto, de sistemas *registration-based lato sensu*.

A importância do uso nestes sistemas manifesta-se, principalmente, como se viu, na relevância conferida à notoriedade da marca, a qual con-

---

[81] Sobre este aspeto, veja-se BRUCE R. PARKER, *"Intent to Use": On the Road Toward Adoption of a Registration-Based System of Trademark Protection*, 79 TRADEMARK REP. 319, 319 (1989) (disponível em heinonline.org).

fere, em todos os regimes acima mencionados, um direito exclusivo, sendo, portanto, um aspeto comum a todos os sistemas *registration-based lato sensu* analisados. Repise-se que se trata de um direito exclusivo, porquanto o seu exercício depende apenas da notoriedade da marca e não de qualquer ato de concorrência desleal, ainda que, em princípio, esta se verifique também.

Em sistemas como o italiano é, ainda, conferida relevância à marca de notoriedade local. No entanto, como pudemos concluir, não é atribuído neste caso qualquer direito exclusivo sobre a marca, mas apenas um direito a continuar a usar a marca na zona onde esta adquiriu notoriedade, *convivendo* ela, não obstante, com a marca confundível posterior registada.

Podemos, portanto, concluir, desde já, que a maior parte dos sistemas analisados se enquadra no sistema *registation-based lato sensu*. Pode, pois, dizer-se, usando as palavras de COUTO GONÇALVES que o registo ganha supremacia face ao uso, depois deste último «tradicionalmente, haver disputado a primazia ao registo»[82].

§ 6º VALORAÇÕES SUBJACENTES AOS SISTEMAS "*USE-BASED*" E "*REGISTRATION-BASED*"

I – A concluir o primeiro capítulo, e tendo em conta que se pretende alcançar uma visão panorâmica sobre a problemática subjacente à aquisição originária do direito sobre a marca, o que já foi feito em parte, impõe-se, agora, dar conta dos aspetos axiológicos que estão na base das opções político-legislativas dos Estados e das entidades supranacionais nesta matéria, de molde a completar o quadro panorâmico.

II – O valor subjacente ao sistema *registration-based lato sensu* é precisamente o mesmo que determina que, no âmbito do Direito dos Registos, a eficácia de certo facto perante terceiros esteja dependente de registo[83]: a segurança jurídica conferida pela publicidade. Assim, os sistemas através dos quais se dá um fundamental peso ao registo como meio de aquisição do direito sobre a marca procuram, essencialmente, a segurança jurídica.

---

[82] COUTO GONÇALVES, *Manual de Direito Industrial* cit., p. 175.
[83] Veja-se, por exemplo, os art.os 4º/1 do Código do Registo Predial (CRPr) e 14º/1 do Código do Registo Comercial (CRC).

Com efeito, se se fizer depender a aquisição do direito privativo sobre a marca de um registo, num serviço público determinado, inexistirão incertezas quanto à titularidade dos direitos: quem primeiro regista ficará, em exclusivo, autorizado a usar a marca para distinguir determinados bens ou serviços.

Porém, tal segurança jurídica tem um preço. Na verdade, se levado ao extremo, o sistema do registo poderá subverter a própria função do Direito da Propriedade Industrial de garantir a lealdade da concorrência. Se porventura se adotasse um sistema de registo puro – ou seja, se este fosse concebido como o único modo de adquirir o direito sobre a marca, em detrimento do uso – tal poderia significar que o primeiro usuário de uma marca seria sempre preterido face a um posterior usuário que a registasse, ainda que com má fé. No fundo, o preço a pagar por um sistema fortemente adepto do registo encontra paralelo naquele que se paga, *v.g.*, na disciplina de Direitos Reais, quando o verdadeiro proprietário de um bem é preterido face àquele que primeiro registou[84]. Trata-se da desconformidade entre a situação substantiva e a situação registal, que poderá ter um paralelo no Direito das Marcas, nos casos em que, *v.g.*, alguém usa uma marca há já vários anos e se vê confrontado com um registo de marca confundível ou associável, para produtos iguais ou afins, feita por usuário posterior.

Diga-se, ainda assim, que este *preço* será tanto menor quanto maior for a diligência dos sujeitos em registar as marcas que usam ou pretendem usar. Trata-se, pois, de um inconveniente que poderá ser *culturalmente* contornado, pois se, paulatinamente, a obrigatoriedade de registo como meio de aquisição do direito sobre a marca for sendo assimilada pelas pessoas, o inconveniente tenderá a desaparecer.

É verdade, porém, que numa economia globalizada o problema poder-se-ia manter por causa do *princípio da territorialidade* dos direitos industriais, de acordo com o qual a proteção de direitos, como o direito sobre a marca, é conferida por um Estado no âmbito das suas fronteiras. Com efeito, uma marca registada num local poderia ser imitada ou usurpada noutro local. Porém, com o sistema internacional e europeu de marcas esse problema tende também a desaparecer, quer por causa das regras de

---

[84] Veja-se a acuidade do problema no ac. de uniformização de jurisprudência STJ 3/99, disponível no DR, I-A, de 10 de julho de 1999, onde o proprietário de um prédio se vê confrontado com uma penhora sobre o mesmo, em execução de uma dívida daquele que lho havia vendido, e em nome de quem o prédio estava ainda registado.

prioridade estabelecidas a partir do primeiro registo, quer por causa do princípio da marca internacional única como se verifica no RMC, que é protegida imediatamente em termos supranacionais.

III – O sistema *use-based*, por sua vez, terá sido, naturalmente, anterior a qualquer sistema de registo[85], pois este aparece como uma *artificialização* das coisas, criada com o objetivo de conferir segurança ao comércio jurídico. Assim, enquanto no sistema de registo *lato sensu* se encontra uma valoração subjacente – a segurança jurídica –, já que ele apareceu precisamente para corrigir os problemas resultantes dos sistemas *use-based lato sensu*, a verdade é que não se vislumbra imediatamente uma razão forte subjacente ao sistema de uso *lato sensu*.

Porém, sem dúvida que um valor subjacente, e talvez por isso alguns sistemas mantenham *teimosamente* o uso ao lado do registo como modo de aquisição do direito sobre a marca, consiste, simplesmente, em obviar à referida desvantagem do sistema de registo. Com efeito, de acordo com a noção de justiça, traduzida na famosa expressão «*dar a cada um o que é seu*»[86], parece manifestamente mais justo que aquele que primeiro usou uma marca, que a criou, tenha um direito sobre a mesma, pois essa marca constitui o «*seu*». Assim, independentemente de ter ou não registado a marca, desde que demonstre que foi o primeiro a usá-la, o sistema protegê-lo-á contra o uso de marca confundível ou associável por terceiros, não se verificando a perversidade causada pelo sistema do registo.

Porém, tal sistema terá como ponto fraco precisamente a insegurança a que o registo visa obviar. Principalmente numa economia globalizada, onde existem incontáveis marcas, a inexistência de registo gera uma enorme insegurança, porquanto ninguém pode saber com o que contar, já que a qualquer momento, uma determinada empresa pode ser surpreendida com a reivindicação, por parte de outra, de uma determinada marca, previamente usada por esta. Para além de que a prova do uso prévio será sempre difícil.

Pode encontrar-se, ainda, um outro valor subjacente ao sistema de uso, mas agora entendido num sentido estrito. Assim, por detrás da ideia de que

---

[85] Conforme refere SHOEN ONO, *Overview of Japanese trademark law* cit., p. 2, «[l]aws protected actual trademark use before any trademark registration systems were developed».

[86] Veja-se, a este propósito, RUY DE ALBUQUERQUE e MARTIM DE ALBUQUERQUE, *História do Direito português*, I vol., 10ª ed., Lisboa, 1999, p. 105 e ss..

o uso efetivo deve ser *conditio sine qua non* da aquisição do direito estaria o princípio de que os direitos industriais não deveriam servir, usando as palavras de OLIVEIRA ASCENSÃO, «para jogos especulativos, para meras reservas de lugar»[87].

Porém, também este inconveniente pode ser obviado pela atribuição de consequências jurídicas ao não uso das marcas registadas.

---

[87] OLIVEIRA ASCENSÃO, *Direito Comercial*, II, cit., p. 181.

Capítulo II
A aquisição do Direito sobre a marca no sistema português

§ 7º CONSIDERAÇÃO PRELIMINAR

Feita a análise de alguns sistemas estrangeiros e internacionais, caraterizados os sistemas abstratos de aquisição do direito sobre a marca, enquadrados neles os sistemas concretos e mencionadas, por fim, as valorações subjacentes às opções legislativas na matéria, podemos ficar, assim, com uma visão panorâmica da problemática em causa no âmbito da questão objeto da nossa investigação. Estamos, pois, em condições de avançar para o estudo do sistema português, que poderá, agora, ser melhor perspetivado.

Antes de avançarmos para a análise mais detalhada do regime de aquisição do direito sobre a marca no sistema português, podemos afirmar, desde já, que o nosso sistema alude apenas ao registo como meio de aquisição do direito sobre a marca, não prevendo, expressamente, o uso como um meio *alternativo* para o mesmo fim. Tal conclusão resulta do facto de se estabelecer, no art. 224º CPI, que «o *registo confere ao seu titular o direito de propriedade* e do exclusivo da marca para os produtos e serviços a que se destina» (itálico nosso), não se prevendo em norma alguma do CPI semelhante estatuição, *enquanto regra*[88] *é claro, para o caso de mero uso da marca*[89].

---

[88] Pois a título excecional encontraremos normas com tal estatuição, como veremos infra no § 9º.

[89] Apenas se refere no nº 2 do art. 224º que «[o] Estado poderá gozar da propriedade e do exclusivo das marcas que *usa* desde que satisfaça as disposições legais» (itálico nosso). Trata-se, porém, de uma exceção, já que a norma se refere apenas ao Estado.

Tal monopólio do registo como fonte de aquisição do direito sobre a marca é, também, reforçado pelo art. 258º CPI, que estabelece o essencial do conteúdo do direito, nomeadamente a exclusividade, como consequência do registo.

No entanto, veremos que, tal como nos sistemas acima analisados que estabelecem o registo como único modo de aquisição do direito sobre a marca, também no regime português se confere relevância ao uso, em termos que serão analisados ao longo deste capítulo.

Podemos, portanto, *a priori*, concluir que o sistema português de aquisição do direito sobre a marca se enquadra no sistema *registration-based lato sensu*. Porém, só depois de estudados os termos em que o uso releva no nosso sistema poderemos ou não confirmar esta conclusão apriorística.

§ 8º O REGISTO E A AQUISIÇÃO DO DIREITO SOBRE A MARCA (A MARCA REGISTADA)

11. Considerações gerais acerca do processo de registo
11.1. O pedido de registo e o direito de prioridade

I – Para compreender a fundo o sistema português de aquisição do direito sobre a marca, parece-nos imprescindível aludir previamente, ainda que em termos breves, ao processo que antecede o ato que, como regra, constitui esse direito, qual seja, o registo.

O *processo de registo da marca* inicia-se com um *pedido de registo*, acompanhado dos elementos constantes dos art.ºˢ 233º e 234º do CPI. Porque o sistema português assenta numa lógica de atribuição do direito sobre a marca pelo registo, então, salvas as exceções previstas no CPI, o registo da marca será concedido a quem apresentar em primeiro lugar o pedido[90] junto do INPI, com todos os elementos exigíveis pelos art.ºˢ supramencionados (art. 11º/1 CPI). Trata-se da denominada *regra da prioridade*[91].

---

[90] Trata-se de um corolário lógico do sistema que se declara baseado no registo. Com efeito, nos sistemas que estabelecem, quer o uso, quer o registo, como modos de aquisição do direito sobre a marca, a prioridade pertence sempre ao primeiro usuário, que não ao primeiro requerente do registo. Como veremos, também em Portugal o primeiro usuário tem prioridade. Porém, e este aspeto distingue o sistema nacional daqueles sistemas, essa prioridade tem duração limitada.

[91] Tal regra da prioridade é concretizada ao longo do art. 11º.

Esta regra da prioridade sofre exceções, como o próprio art. 11º/1 ressalva. Uma delas é a constante do art. 227º CPI, que consiste, precisamente, num caso de relevância conferida ao mero uso da marca, que será estudado no próximo §[92]. As demais exceções constam do art. 12º, que será analisado de seguida.

II – Não obstante a regra de que terá prioridade quem primeiro apresentar o pedido de registo da marca, a verdade é que este princípio terá de ser articulado com o sistema internacional de marcas, acima analisado, do qual Portugal faz parte.
É o art. 12º que contém o regime que preside a tal articulação.
Assim, de acordo com o art. 12º/1, se for apresentado um pedido de registo de uma marca, em qualquer dos países da União de Paris ou da OMC ou noutro organismo internacional com competência para conceder direitos que produzam efeitos em Portugal, tal facto constituirá o requerente num direito de prioridade, durante o período 6 meses a contar da data da apresentação do referido pedido [art. 4º C)/1 e 2 CUP], para apresentar em Portugal o pedido, de acordo com o art. 4º CUP. Significa isto que, mesmo que uma empresa tenha requerido, em Portugal, o registo de uma marca, ela não terá prioridade face a alguém que tenha feito o pedido primeiro num dos países supramencionados, desde que não tenham decorrido ainda 6 meses sobre esse pedido.
Note-se que o art. 12º constitui, no essencial, uma corroboração do regime do art. 4º da CUP, pelo que tem principalmente a utilidade de relembrar o intérprete/aplicador da existência de tal art..

11.2. O exame da marca registanda por parte do INPI: os fundamentos da recusa do registo
11.2.1. Generalidades
I – Feito o pedido de registo, o INPI procede ao estudo do processo, o qual consiste no exame da marca a registar e na sua comparação com outras marcas e sinais distintivos do comércio (art. 237º/1), a fim de decidir da concessão ou recusa do registo[93].

Como veremos, à semelhança do que se pôde observar através da análise dos sistemas estrangeiros e internacionais, é nos fundamentos de recusa

---

[92] A exceção constante do art. 227º será objeto da nossa atenção infra, no § 9, 14.1..
[93] Poderá o INPI conceder ou recusar nos termos do art. 237º.

do registo que se encontra a importância do mero uso da marca como fonte de aquisição de posições jurídicas sobre a mesma, razão pela qual é importante, a propósito desta breve referência ao processo de registo, fazer uma sumária alusão aos fundamentos de recusa, sem prejuízo do posterior desenvolvimento daqueles que tenham importância crucial no confronto do uso com o registo na proteção da marca.

II – Os fundamentos de recusa do registo da marca podem agrupar-se em três categorias. *Fundamentos gerais de recusa* (art. 24º), *fundamentos baseados na proteção de interesses supra-individuais* (art. 238º) e *fundamentos baseados na proteção de interesses individuais* (art.os 227º/1[94] 239º, 241º e 242º)[95].

A importância dos fundamentos de recusa reflete-se, como veremos, no desvalor com que a lei comina o registo efetuado com desrespeito pelos mesmos[96]. Destarte, enquanto um registo indevidamente efetuado com *violação dos fundamentos baseados na proteção de interesses supra-individuais é nulo* (art. 265º/1), já um registo efetuado *com violação dos fundamentos baseados na proteção de interesses individuais será apenas anulável* (art. 266º/1).

Porém, alguns fundamentos de recusa não refletem a atribuição de relevância ao uso, não tendo, portanto, importância enquanto determinantes da aquisição de posições jurídicas sobre a marca, sendo, consequentemente, irrelevantes para o presente trabalho. Destarte, far-se-á apenas alusão aos fundamentos de recusa dos quais decorre a relevância do uso da marca. No entanto, por razões de sistematização, não serão desenvolvidos agora[97].

11.2.2. O uso da marca como causador da paralização de alguns fundamentos de recusa do registo (*secondary meaning*)

A relevância do uso enquanto fonte de aquisição de posições jurídicas sobre a marca encontra-se exclusivamente nos fundamentos de recusa protetores de interesses individuais (art.os 227º/1, 239º, 241º e 242º). Porém, de

---

[94] Note-se que, apesar de o art. 227º estar sistematicamente deslocado dos art.os que consagram o fundamento de recusa, ele não deixa de consagrar também um fundamento de recusa baseado em interesses individuais, já que o INPI deverá recusar o registo de uma marca se o usuário apresentar reclamação e se se encontrar nas condições previstas no nº 1, do art. 227º.
[95] A terminologia adotada é de Couto Gonçalves, *Manual de Direito Industrial* cit., p. 185.
[96] Cf. Couto Gonçalves, *Manual de Direito Industrial* cit., p. 185.
[97] O desenvolvimento será feito no § 9º, especificamente dedicado à relevância jurídica do uso na atribuição de posições jurídicas sobre a marca.

um dos fundamentos de recusa baseados em interesses supra-individuais, resulta, ainda que não para efeitos de aquisição das referidas posições jurídicas, a importância do uso da marca. Por isso, entendemos pertinente fazer referência a esse aspeto que, não gerando direitos sobre a marca, acaba por estar, decisiva e necessariamente, na *génese* da constituição do direito sobre a marca.

Um dos fundamentos de recusa do registo da marca baseado na proteção de interesses supra-individuais verifica-se quando a marca registanda é constituída exclusivamente pelos sinais ou indicações referidos nas als. *b)* a *e)*, do nº 1, do art. 223º (art. 238º/1, *c)*). Estão em causa, no essencial, marcas sem caráter distintivo ou marcas cuja atribuição em termos de exclusividade a uma pessoa redundaria na negação da própria função do Direito da Propriedade Industrial, qual seja, a de garantir a lealdade da concorrência (art. 1º), já que os demais sujeitos ficariam, no limite, *ad aeternum* impedidos de produzir o bem (223º/1, *b)*)[98].

Porém, se o caso da al. *b)*, do nº 1, do art. 223º, não poderá ser contornado, sob pena de se bloquear a própria concorrência ou, pelo menos, de se criar uma grave distorção, já os casos das als. *a)*, *c)*, *d)* e *e)*, poderão não obstar ao registo da marca.

Quanto à al. *e)*, a mesma poderá ser compatível com a lealdade da concorrência, se, como a própria norma indica, através da combinação das cores com gráficos, dizeres ou outros elementos, a marca obtiver caráter distintivo. Quanto aos casos das als. *a)*, *c)* e *d)*, que mais nos interessam neste ponto, podem também não obstar ao registo da marca, desde que os sinais em causa tenham, por causa do *uso prévio*, adquirido um significado secundário ("*secondary meaning*"[99]). Tal verifica-se quando, por via do *uso*, um sinal passa a adquirir um outro significado (portanto, secundário), para além daquele que é comummente atribuído ao mesmo – o qual lhe retiraria precisamente o caráter distintivo –, razão pela qual a marca passa a adquirir caráter distintivo. Alcançado, com o uso, esse caráter distintivo, por via do *secondary meaning*, cessa então o fundamento de recusa do registo, nos termos do nº 3, do art. 238º.

---

[98] Sobre este aspeto, pode ver-se o ac. do Tribunal de Justiça da União Europeia (Grande Secção) de 14 de Setembro de 2010, Proc. nº C–48/09 P, disponível no sítio curia.europa.eu, onde se discutiu a possibilidade de registar como marca tridimensional as famosas peças "lego".
[99] A doutrina do *secondary meaning* é imposta pela DM, nomeadamente pelo art. 3º/3. Veja-se acima o § 4º, 8-IV.

Significa isto que o *uso da marca prévio ao registo* poderá ser essencial para que a mesma possa, no futuro, ser registada. O CPI não distingue, no entanto, se o caráter distintivo deverá ser adquirido antes do registo ou se poderá também ser adquirido depois. Uma coisa é certa: se esse caráter não tiver sido adquirido antes, tal significa que o INPI deverá recusar o registo. Se, contudo, por incumprimento do INPI, essa recusa não for feita, e a marca vier entretanto a adquirir caráter distintivo, então não poderá ser, cremos, declarado nulo o registo, não obstante o disposto no art. 265º/1, *a*). Com efeito, se o fundamento da recusa desapareceu, ainda que *a posteriori*, cessou o fundamento da nulidade do registo.

Esta referência à problemática do *secondary meaning* visou apenas, sublinhe-se – e tendo em conta que o presente estudo tem sido norteado por um cotejo da relevância do uso e do registo na aquisição de posições jurídicas sobre a marca –, demonstrar a importância prática do uso na génese da marca, que não na aquisição do direito sobre a mesma.

12. O registo como constitutivo do direito sobre a marca
12.1. Considerações gerais

I – Feita uma breve exposição dos aspetos essenciais da tramitação processual, e depois de termos já afirmado que o sistema português de aquisição do direito sobre a marca se baseia aparentemente no registo, analisemos, agora, com mais detalhe, os elementos normativos que nos permitem relacionar o registo com a aquisição do direito sobre a marca.

Como mencionámos acima, depreende-se da conjugação dos art.os 224º e 258º que o sistema jurídico português de aquisição do direito sobre a marca se baseia essencialmente no registo, porquanto o consagra como modo ordinário de aquisição do direito sobre a marca, não consagrando tal prerrogativa ao mero uso. Estabelece, portanto, o denominado sistema de registo constitutivo[100/101].

---

[100] Enfatizando o registo constitutivo, veja-se, por exemplo, o ac. STJ 11-01-2011, Proc. nº 627/06.7TBAMT.P1, onde se escreveu que «[a] propriedade da marca confere ao seu titular o direito de propriedade e de a usar em exclusivo, *não resultando tais direitos senão do registo*, já que no sistema de eficácia constitutiva e atributiva do registo, que é o nosso, prevalece o direito de quem primeiro registou a marca, princípio com assento no actual art. 224º do CPI» (itálico nosso). No mesmo sentido, escreveu-se no ac. TRL 20-05-2010, Proc. nº 526/2002.L1-6, que «não há nenhum direito exclusivo sobre um determinado sinal se este não estiver registado a favor do respectivo titular». Ainda à luz do CPI1940, que, para o que aqui interessa, não diverge substancialmente do atual, escreveu-se no ac. STJ 22-07-1986, BMJ, nº 359, p. 751,

Porém, a propósito do sistema de registo constitutivo consagrado pela lei portuguesa, uma questão prévia deve ser colocada. Se o direito sobre a marca se adquire com o registo, por que razão se refere no art. 4º/2 que «a concessão de direitos de propriedade industrial *implica mera presunção jurídica dos requisitos da sua concessão*»? Não significa isto que afinal apenas se presume a existência do direito? A resposta é negativa. A norma alerta apenas para o facto de o registo de uma marca não impedir, naturalmente, a sua declaração de nulidade ou anulação futura por verificação de um dos motivos previstos nos art.os 265º e 266º.

Porém, parece-nos, ainda assim, desnecessária esta norma, já que a mesma não tem conteúdo útil, gerando apenas perplexidade. Na verdade, no Direito em geral as coisas passam-se assim: a existência de um direito convive sempre com a possibilidade da sua extinção, por eventual vício do ato que esteve na sua génese, *v.g.* do contrato com base no qual foi transferido ou constituído. E tal evidência não parece ser motivo bastante para se estatuir que apenas se presumem verificados os requisitos dos direitos.

II – Por fim, em sede de considerações gerais, cabe ainda fazer uma breve referência à DM, que aproxima as legislações dos Estados-Membros

---

que [o] Código da Propriedade Industrial só concede protecção ao uso de marcas registadas». Há, no entanto, um certo exagero nestas afirmações, pois, como veremos, não é exato que o direito de caráter exclusivo sobre a marca resulte unicamente do registo.

[101] Refira-se que a atribuição de natureza constitutiva ao registo, no âmbito do Direito das Marcas, é um traço comum a todos os sistemas portugueses reguladores da propriedade industrial, desde a LPI de 1896. No mesmo sentido, mas à luz do CPI1940, veja-se FERRER CORREIA, *Lições de Direito Comercial*, Coimbra, 1973, p. 383 e ss., CARLOS OLAVO, *Propriedade industrial – noções fundamentais*, CJ, ano XII, t. II, p. 22, PINTO COELHO, *Lições de Direito Comercial*, Lisboa, 1957, p. 391 e ss., PEREIRA DE ALMEIDA, *Direito Comercial, I – Actos de Comércio e Comerciantes*, Lisboa, 1977, p. 523 e ss.. Já na vigência do CPI atual, veja-se, no mesmo sentido, COUTO GONÇALVES, *Manual de Direito Industrial* cit., p. 167, COUTINHO DE ABREU, *Curso de Direito Comercial*, I cit., p. 394 e ss., PUPO CORREIA, *Direito Comercial* cit., p. 355. Em sentido peculiar, na vigência do CPI1940, sem afastar a possibilidade de existência de um registo constitutivo, mas defendendo que o direito sobre a marca resultava fundamentalmente do uso, pode ver-se OLIVEIRA ASCENSÃO, *Direito Comercial*, II cit., pp. 177-180. São do autor as seguintes palavras: «no sistema português o direito à marca resulta fundamentalmente do uso. Mas se o titular não consolidar a sua situação através do registo [para o que teria um prazo de 5 anos], sujeita-se a ver a sua situação resolvida por terceiros de boa fé que procedam ao registo, nos termos gerais do registo constitutivo». O atual regime não intensificou a importância do registo, pelo que a posição do autor, em coerência, se manterá atualmente. Tomaremos posição infra, no § 9º, 15.2..

em matéria de marcas, por as soluções constantes do DPI se deverem harmonizar com a mesma.

No considerando 5, estabelece-se que a «directiva não deverá retirar aos Estados-Membros a *faculdade de continuar a proteger as marcas adquiridas pelo uso, mas deverá regular apenas a sua relação com as marcas adquiridas pelo registo*».

Refere, ainda, o seu art. 1º, concretizando o considerando 5, que a diretiva será aplicável a todas as marcas de produtos ou de serviços *que tenham sido objeto de registo ou de pedido de registo*, como marca individual, marca coletiva ou marca de garantia ou de certificação, num Estado-Membro ou no Instituto Benelux da Propriedade Intelectual, ou que tenham sido objeto de um registo internacional com efeitos num Estado-Membro.

12.2. O conteúdo do direito nascido com o registo

I – Tecidas algumas considerações de caráter geral acerca do registo como modo de aquisição do direito sobre a marca em Portugal, cabe agora averiguar os poderes que informam esse direito[102], pois tal será importante para indagarmos da existência de diferenças entre o direito adquirido com o registo e os casos excecionais de direito adquirido com o uso[103]. Por outras palavras, importa averiguar o que é que o registo efetivamente concede que o uso – no caso em que o mesmo implica aquisição de direitos – não atribui.

O art. 258º contém uma norma de importância essencial no que diz respeito ao que ora nos interessa: o conteúdo do direito sobre a marca registada. De acordo com a norma, o titular da marca registada terá o poder de «*impedir terceiros, sem o seu consentimento, de usar*, no exercício de actividades económicas, qualquer sinal igual, ou semelhante, em produtos ou serviços idênticos ou afins daqueles para os quais a marca foi registada, e que, em consequência da semelhança entre os sinais e da afinidade dos produtos ou serviços, possa causar um risco de confusão, ou associação, no espírito do consumidor» (itálico nosso).

Ora, este direito privativo, que consiste essencialmente em poder impedir os outros de usarem marca igual ou semelhante para produtos iguais

---

[102] Sobre o conteúdo do direito sobre a marca, veja-se, designadamente, ANTÓNIO CÔRTE--REAL CRUZ, *O conteúdo e extensão do direito à marca: a marca de grande prestígio* cit. e CARLOS OLAVO, *Propriedade Industrial, vol. I – Sinais distintivos do comércio, concorrência desleal*, 2ª ed., Coimbra, 2005, pp. 124-130.

[103] Aspeto que será considerado no § 10º.

ou semelhantes, de molde a causar risco de confusão ou associação, concretiza-se em vários poderes, dentre os quais[104] destacamos o poder de:

- *Reclamar contra o pedido de registo* por terceiros de sinal igual ou semelhante, para produtos ou serviços idênticos ou afins (art. 236º/1, 237º e 239º/1, a));
- *Requerer a anulação* de um registo efetuado por terceiros nos moldes supracitados (art. 266º/1);
- *Requerer providência cautelar* destinada a inibir uma violação iminente do seu direito sobre a marca ou a proibir a continuação de uma violação (art. 338º-I).

Naturalmente que, violado o direito, pode o seu titular requerer *indemnização* (art. 338º-L).

Relacionado com estes poderes, reflexo da exclusividade, está o facto de o direito sobre a marca registada ser *protegido criminalmente*[105] *(art. 323º)*.

O artigo 258º alude ao direito sobre a marca mais numa perspetiva proibitiva do que permissiva: ou seja demarca-se o conteúdo do direito através de uma proibição genérica dirigida a terceiros. Porém, como é natural, o titular da marca regista poderá *usá-la* para assinalar os seus produtos, *utilizá-la* na publicidade, *transmiti-la*, «se tal não for suscetível de induzir o público em erro quanto à proveniência do produto ou do serviço ou aos caracteres essenciais para a sua apreciação» (art. 262º/1 e, em geral, art. 31º), bem como *atribuir licença de uso* a outrem (art. 264º e, em geral art. 32º).

II – Os direitos conferidos pela marca registada sofrem *limitações*. Tais limitações decorrem do art. 260º[106] e consistem essencialmente em situações em que configuraria abuso do direito sobre a marca, impedir outrem

---

[104] Cf. COUTINHO DE ABREU, *Curso de Direito Comercial*, I cit., p. 397 e ss.. Veja-se, também, com interesse o art. 5º DM.

[105] Mas não em termos contraordenacionais, ao contrário do que refere COUTINHO DE ABREU, *Curso de Direito Comercial*, I cit., p. 397 e ss.. Na verdade, o art. 336º não pune em função da imitação de uma marca registada, mas sim em função de os sinais da marca ofenderem interesses públicos ou privados, não estando estes últimos, porém, relacionados com marcas alheias. Assim, o que o art. 336º protege contraordenacionalmente outros valores, que não o direito sobre a marca.

[106] Veja-se, ainda, o art. 6º DM.

de usar sinais semelhantes. Para além deste limites, existem também os ditados pelo *esgotamento do próprio direito* previstos no art. 259º[107].

Outros limites são os temporais e espaciais que acabam por traçar as fronteiras do próprio direito. Vejamo-los.

No que diz respeito ao limite temporal, o direito sobre a marca registada será válido, nos termos do art. 255º, pelo período de 10 anos, contados a partir da data da respetiva concessão, podendo ser indefinidamente renovado por iguais períodos.

Quanto ao limite espacial, o direito sobre a marca registada abrangerá, de acordo com o sistema de registo estritamente nacional, o território português (art. 4º/1).

No entanto, este limite espacial poderá ser obviado através da já analisada proteção internacional da marca, prevista pelos art.ᵒˢ 248º e ss.[108], os quais se articulam com o sistema internacional de marcas de que Portugal faz parte, normativamente corporizado nos AM e PAM, acima abordados. O requerente pode, também, optar por pedir o registo da sua marca como marca comunitária nos termos dos art.ᵒˢ 25º e ss. do RMC, sendo, então, a marca protegida em toda a União Europeia (art. 1º/1 RMC), nos termos previstos no RMC.

§ 9º OS EFEITOS JURÍDICOS DO USO DA MARCA (A MARCA LIVRE)

13. Considerações gerais

I – Passaremos agora àquela que constitui a parte mais importante do presente estudo. Tal importância resulta de ser a mesma essencial para caraterizar o sistema português de aquisição do direito sobre a marca – desígnio principal desta investigação –, na medida em que neste § estudar-se-ão as *situações de mero uso da marca geradoras de posições jurídicas sobre a mesma*, inda-

---

[107] Veja-se, ainda, o art. 7º DM.

[108] Assim, o requerente ou já titular de um registo de marca em Portugal, português ou domiciliado ou estabelecido em Portugal, deverá requerer, junto do INPI, o registo da sua marca na Secretaria Internacional da OMPI, sendo, nesse caso, protegida a sua marca nos países que constituem a União de Madrid (art.ᵒˢ 248º e 249º). A partir da data do registo na Secretaria Internacional da OMPI, que o notificará de seguida às Administrações dos países onde se pretende a proteção da marca, a proteção da mesma nesses países – que a não tenham recusado justificadamente, nos termos acima analisados – será a mesma que a marca teria se neles tivesse sido diretamente registada [art. 248º CPI e art.ᵒˢ 3º/4 e 4º/1 AM e 4º/1, *a*) PAM].

gando-se, paralelamente, da *natureza dessas posições*, mais concretamente se as mesmas consubstanciam ou não direitos exclusivos sobre a marca, de caráter próximo do direito registado.

O sistema português de aquisição do direito sobre a marca está gizado numa lógica registal como se acabou de ver. No entanto, como também já se adiantou, a lei estabelece alguns *desvios* à referida lógica, em termos mais ou menos semelhantes aos observados no primeiro capítulo, a propósito do estudo dos sistemas estrangeiros. É precisamente a averiguação da dimensão destes desvios que nos permitirá estabelecer a natureza do sistema de aquisição do direito sobre a marca em Portugal.

II – Os desvios ao sistema do registo operam, na nossa opinião, de duas formas. Ou através da atribuição de *uma posição jurídica sobre a marca livre*, ou através da proteção reflexa desta última por via do funcionamento das regras de prevenção e repressão da concorrência desleal.

Poder-se-ia dizer que, neste último caso, não é, então, o uso da marca que está em causa, mas antes a concorrência desleal, pelo que não se trataria de qualquer desvio ao sistema de registo. Porém, notaremos que não é assim. Em primeiro lugar, as regras da concorrência desleal operam porque o uso foi exercido. Em segundo lugar, como veremos, as mesmas protegem o uso com tal intensidade, que a fronteira entre o simples funcionamento da concorrência desleal e o direito sobre a marca fica praticamente difícil de traçar, por muito que teoricamente tal fronteira pareça evidente.

Quanto ao primeiro modo de relevância do uso, o mesmo revela-se de três formas. Através do *regime da prioridade nos primeiros seis meses* de uso (art. 227º), por via do *regime da marca notória* (art. 241º) e por *intermédio do regime da marca de prestígio* (art. 242º). Comecemos pelos casos de relevância direta do uso da marca.

14. Casos de aquisição do direito sobre a marca pelo uso
14.1. A marca livre ordinária: o direito de prioridade nos primeiros seis meses de uso

I – Acima, a propósito da abordagem de aspectos relacionados com a tramitação processual do registo da marca, aludimos ao direito de prioridade. Referimos, então, que o art. 11º/1 atribui direito de prioridade no registo da marca a quem primeiro efetuar o pedido, mas ressalvámos a exceção constante do art. 227º CPI. É agora o momento pertinente para nos debruçarmos sobre ela.

O art. 227º consagra uma prioridade que prevalece perante a prioridade do art. 11º. Estabelece aquele art., sob a epígrafe «marca livre», no seu nº 1, que «aquele que usar *marca livre* ou não registada *por prazo não superior a seis meses* tem, durante esse prazo, *direito de prioridade* para efetuar o registo, *podendo reclamar contra o que for requerido por outrem*» (itálico nosso)[109].

O *limite temporal de seis meses* tem a sua razão de ser nos seguintes motivos. Por um lado, na ausência de limite, o sistema tornar-se-ia *use-based lato sensu*, que é dizer misto[110], já que o primeiro utilizador poderia opor o seu direito a quem registasse depois, a todo o tempo, mesmo que nunca viesse a registar e, portanto, o registo apenas serviria para adquirir o direito, quando a marca em causa não fosse confundível com – ou associável a – outra usada. Teríamos, portanto, um sistema similar aos norte-americano, dinamarquês e alemão. Por outro lado, o facto de serem apenas seis meses justifica-se como forma de pressionar o interessado na feitura do registo, para, assim, se obter a segurança jurídica que o mesmo permite[111].

Assim, se o registo não é feito neste prazo de seis meses, o usuário perde o seu direito de prioridade e, à partida[112], poderá ver outrem registar uma marca igual sem lhe poder opor o seu uso.

---

[109] Esta norma remonta à Lei da Propriedade Industrial de 1986 (LPI), nomeadamente ao art. 91º LPI. Os posteriores Códigos da Propriedade Industrial mantê-la-iam: cf. o art. 85º CPI1940, bem como o art. 171º CPI1995.

[110] É importante ter presente a terminologia que propusemos no § 5, 9, sob pena de não se compreender o alcance que damos à expressão "sistema misto", porquanto, recorde-se, temos como sinónimos, de acordo com a configuração – mais lógica, a nosso ver – que lhes demos, o sistema *use-based lato sensu* e o sistema misto.

[111] Não obstante, OLIVEIRA ASCENSÃO, *Direito Comercial*, II cit., p. 175, à luz do CPI1940, mas em termos atualizáveis, porquanto a lei não mudou neste aspeto (cf. nota 109), criticava a limitação de 6 meses, referindo o seguinte: trata-se de um «ponto fraco do sistema, [a] fragilidade daquele que usa de facto a marca, embora a não tenha registado. Ao fim de 6 meses perde a prioridade e quem quer que requeira o registo da marca suplanta-o. Se assim for, o resultado tranquiliza a burocracia do registo, mas é valorativamente condenável». Tendemos a não concordar absolutamente com o autor, não obstante compreendermos a sua indignação, perante o conflito entre a situação registal e a situação substantiva, digamos assim. E não concordamos porque entendemos que o registo não é apenas uma «burocracia», mas essencialmente uma questão de segurança para todos. Deve, portanto, haver um encorajamento de medidas promotoras da diligência no pedido do registo e não o contrário, que ocorreria se não houvesse o prazo. Só assim se criará uma cultura de responsabilização pelo pedido do registo, repise-se, fundamental para a segurança jurídica.

[112] Referimos à partida, porquanto, como veremos melhor abaixo (nº 15), o art. 239º/1, *e*), acaba por subverter esta lógica, já que o usuário da marca poderá opor-se sempre ao registo desde

O usuário que queira servir-se deste regime terá de indicar, naturalmente, a data a partir da qual usa a marca (art. 233º/1, h)). Ora, como se pode ver, este regime ressente-se da desvantagem comum aos regimes de acordo com os quais o direito sobre a marca se adquire com o uso: a dificuldade de prova do momento em que a marca começou a ser usada, de molde a saber quem primeiro a usou. Por isso, a preocupação do legislador em estabelecer no nº 2 do art. 227º que a «veracidade dos documentos oferecidos para prova [do] direito de prioridade é apreciada livremente, salvo se se tratar de documentos autênticos».

Se, porém, não obstante a reclamação do usuário, o registo for feito a favor de outrem, então aquele terá o direito de recorrer judicialmente da decisão que concedeu o registo (art. 41º/1).

Note-se que mesmo que o usuário não tenha reclamado do requerimento de registo de terceiro poderá recorrer judicialmente da decisão, porquanto o art. 41º/1 confere legitimidade para tal, não apenas ao reclamante, mas também a quem tiver sido direta e efetivamente prejudicado pela decisão, onde parece enquadrar-se o primitivo usuário da marca.

II – Estamos, assim, neste momento, em condições de responder a uma das questões formuladas no § 1º. Se *A* começa a usar certa marca sem pedir o seu registo, e *B*, posteriormente, começa a usar a mesma marca para produtos ou serviços idênticos ou afins, requerendo o respetivo registo no INPI, o primeiro usuário poderá, desde que não tenha decorrido o prazo de 6 meses após o uso, opor-se a esse registo reclamando a sua prioridade.

Da análise do regime do art. 227º pode, portanto, concluir-se, para já, que a lei portuguesa não leva ao extremo o sistema de registo que adota[113], como aliás nenhum dos sistemas estudados leva[114], pois se assim fosse conceder-se-ia sempre o direito ao primeiro requerente do registo, que não ao primeiro usuário.

III – Cabe agora caraterizar a posição jurídica atribuída ao usuário perante a marca livre ordinária. Na nossa opinião, o direito de prioridade

---

que demonstre a possibilidade de ocorrência de concorrência desleal. Sobre este ponto cf. COUTO GONÇALVES, *Manual de Direito Industrial* cit., p. 247 e ss..
[113] Cf. PUPO CORREIA, *Direito comercial* cit., p. 356.
[114] Cf. o ponto 9.

durante 6 meses consiste num direito exclusivo[115] sobre a marca sujeito a condição resolutiva, a qual se verifica no caso de o usuário não requerer o registo no prazo mencionado. Com efeito, nos primeiros 6 meses de uso, o usuário tem um direito com função equivalente à prevista no art. 258º.

Porém, trata-se, como é natural, de um direito de conteúdo menor face ao direito registado, pois para além do caráter provisório, não é protegido criminalmente (art. 323º).

14.2. A marca livre notória

I – Passemos agora à análise da proteção conferida à *marca livre notória* no sistema português. Impor-se-á, naturalmente, a este propósito, a caraterização da própria marca notória. Porém, entendemos ser preferível, em termos sistemáticos e metodológicos, estudar previamente o regime e só depois definir os contornos da figura, porquanto estes devem ser traçados também em função do regime jurídico da figura. Por outras palavras: o regime é critério determinante da caraterização da figura ao qual se irá aplicar.

II – Tendo o nosso país aderido à CUP, está, naturalmente, por esse facto, vinculado ao princípio da proteção das marcas notórias[116], previsto no art. 6º-*bis* CUP. O art. referido estabelece como *compromisso* assumido pelos países da União o de recusar ou invalidar – quer oficiosamente, se a lei do país o permitir, quer a pedido de quem nisso tiver interesse – o registo e de proibir o uso de marca confundível com outra *notoriamente conhecida* de uma pessoa a quem a CUP aproveite, desde que utilizada para produtos idênticos ou semelhantes. Trata-se, portanto, de um *dever* – não simplesmente de uma faculdade – que incumbe aos Estados per-

---

[115] Em sentido diverso, Couto Gonçalves, *Manual de Direito Industrial* cit., p. 168, defende estar-se perante uma mera expetativa jurídica. Não concordamos, porquanto uma expetativa, não obstante a imprecisão deste conceito, constitui uma mera *"esperança"* (*spes iuris*), ainda que com tutela jurídica, de um sujeito ver constitui na sua esfera, por virtude de um determinado *processo* – em sentido amplo, que não no sentido meramente jurisdicional –, um direito (cf. Menezes Cordeiro, *Tratado de Direito Civil I* cit., p. 907). Ora, é manifesto que o usuário tem mais do que uma expetativa, pois nos primeiros 6 meses ele tem efetivamente um direito exclusivo – pois se pode opor-se ao registo por terceiros... –, não uma mera esperança de o adquirir, sendo que a manutenção desse direito após os 6 meses depende de um simples ato de registo promovido por si. É, pois, mais do que uma expetativa aquilo que está em causa.

[116] Couto Gonçalves, *Manual de Direito Industrial* cit., p. 168.

tencentes à União. Ora, Portugal respeita esse compromisso através dos art.ᵒˢ 241º/1 e 323º, d)[117].

O art. 241º/1 estabelece, reproduzindo o essencial do art. 6º-bis CUP, o dever, que incumbe ao INPI, de recusar o registo de uma marca que, no todo ou em parte essencial, constitua reprodução, imitação ou tradução de outra notoriamente conhecida em Portugal, se for aplicada a produtos ou serviços idênticos ou afins e com ela possa confundir-se ou se, dessa aplicação, for possível estabelecer uma associação com o titular da marca notória.

Trata-se, portanto, da proteção de uma marca que não foi registada em Portugal e que pode até não ter sido registada no seu país de origem[118], bastando que a mesma tenha notoriedade e que estejam preenchidos os requisitos acima mencionados, para que beneficie de proteção em Portugal. Verifica-se, assim, mais um caso de relevância da marca livre, desta vez sem prazo limite de proteção, ao contrário do que se verifica para a marca livre ordinária (art. 227º/1). De acordo com o art. 241º, a proteção apenas é feita no âmbito do princípio da especialidade[119].

---

[117] Já no passado o fazia. Cf. art. 95º CPI1940 e 190º CPI1995.

[118] Em sentido diverso PATRÍCIO PAÚL, *Concorrência Desleal*, Coimbra, 1965, p. 60, referia que se o país de origem da marca notória estrangeira exigisse o registo para a mesma ser protegida, então para aplicar a norma protetora da marca notória seria pressuposto que a mesma estivesse registada no seu país de origem, sob pena de a proteção desta marca ser maior em Portugal do que no seu país de origem. É pertinente a observação. Ela prende-se com o problema que será analisado já de seguida, a propósito da proteção da marca notória portuguesa. Porém, a observação de PATRÍCIO PAÚL foi feita na vigência do CPI1940, onde o art. 95º estabelecia apenas proteção das marcas notórias de «outro país da União». Agora, a lei já não refere tal no art. 241º/1. Assim, se seguíssemos a doutrina de PATRÍCIO PAÚL, teríamos de negar a aplicação do art. 241º/1 à marca notória portuguesa, já que ou a mesma estaria registada e era protegida nos termos gerais (art. 239º/1, a)) ou não estaria registada e não poderia ser protegida. Idêntica posição defende OLIVEIRA ASCENSÃO, *Direito Comercial*, II cit., p. 170, ao escrever que «a marca notória, para obter protecção, terá de estar registada (...) no país de origem, como condição da própria protecção internacional, no caso de o país de origem estabelecer o registo como condição da protecção». Defendendo a desnecessidade de registo da marca notoriamente conhecida, pode ver-se PINTO COELHO, *A proteção da marca notoriamente conhecida no Congresso de Viena da C.C.I.*, sep. do BFDC, v. 29, Coimbra 1955.

[119] Note-se, no entanto, que o art. 16º/3 Trips, aplicável, na nossa opinião, diretamente na Ordem Jurídica portuguesa, nos termos do art. 8º/1 CRP e por ser *self executed*, permite a proteção ultramerceológica da marca notória. Porém, pressupõe que a mesma esteja registada, como se depreende da parte final da norma – «interesses do titular da marca registada» –, pelo que não interessará, nesta sede, a sua análise, pois não reflete a mesma qualquer cedência ao sistema do uso.

III – Uma questão importante consiste em saber se a marca livre notória protegida terá de ser oriunda de um país estrangeiro ou se também se aplica a uma marca portuguesa.

A acuidade do problema reside no próprio fundamento da proteção da marca notória independentemente do registo. Com efeito, sendo a regra a de que a proteção da marca, após os primeiros 6 meses de uso, depende do registo, terá de haver uma razão para a exceção aberta no caso da marca notória, protegendo-se a mesma sem limitação temporal.

Ora, na base da referida proteção excecional – isto é, independentemente do registo – da marca notória está a necessidade de obviar ao *princípio da territorialidade* das marcas face à internacionalização do comércio. Ou seja, as marcas, inicialmente, apenas seriam protegidas, ou em todo o território do Estado onde tivessem sido registadas, ou – no caso de sistemas que aceitassem o uso como fonte do direito sobre a marca – num determinado espaço do território do Estado onde fossem usadas e conhecidas como pertencendo a uma determinada empresa. Nessa medida, o direito sobre a marca era, usando uma expressão de Dário Moura Vicente, tradicionalmente tido como algo que «[releva] da esfera da soberania de cada Estado»[120], estando, portanto, também tradicionalmente, o âmbito de proteção da marca circunscrito ao território do Estado que concede o direito sobre a mesma. Acontece que, com o acentuar da internacionalização da economia, este paradigma territorial não mais serviria para garantir a lealdade da concorrência, já que, exportando uma empresa os seus produtos assinalados com a sua marca para um determinado país, correria o risco, especialmente se a marca fosse notória, de ver a mesma ser indevida e parasitariamente aproveitada por outra empresa, através de imitação ou usurpação suscetível de induzir em erro os consumidores, incrementando assim as suas vendas – da empresa parasitária – e diminuindo proporcionalmente as da empresa titular da marca *original*.

Ora, foi precisamente para obviar a esta situação que, ainda em 1883, através da CUP, se estabeleceu para os países contratantes a obrigação de

---

[120] Cf. Dário Moura Vicente, *A tutela da propriedade intelectual* cit., sinopse. Veja-se esta ideia concretizada pelo autor, *ibidem*, p. 14 e ss, nomeadamente na p. 16, onde refere que «o âmbito espacial de eficácia [dos] exclusivos é (...), em princípio, confinado ao território do Estado que os concede (ou melhor, de acordo com cujo Direito os mesmos se constituíram). Esta uma das razões por que se afirma correntemente que os direitos de propriedade intelectual têm carácter territorial».

recusarem ou invalidarem o registo de marcas que, nos termos acima referidos, imitassem ou usurpassem marcas notoriamente conhecidas nos seus países, isto é, nos países da marca usurpadora.

Quer isto dizer que a origem da proteção *extraterritorial* e, assim, *extraregistal* das marcas notórias prende-se com a necessidade de adaptar o Direito da Propriedade Industrial à realidade do comércio internacional.

Ora, chegamos então à razão da pertinência da pergunta acima colocada: face à razão de ser da proteção *extraregistal* da marca notória, justificar-se-á a proteção da marca livre notória no seu próprio país? A serem as razões ditadas pelo comércio internacional o único fundamento da proteção da marca notória, diríamos que não estaria justificada a proteção *extraregistal* da marca notória no seu próprio país.

Porém, apesar de a letra do art. 241º resolver a questão no sentido de a proteção da marca notória ser independente da origem nacional ou internacional da mesma, existe um fundamento da proteção da marca notória que reforça a ideia de que, ainda assim, é justificável a proteção da marca livre notória nacional. Com efeito, a valoração que está na base da proteção independentemente do registo de uma marca notória é, também, a prevenção e repressão de práticas de aproveitamento, por uma empresa, do trabalho desenvolvido por outra, que construiu a marca e alcançou a sua notoriedade.

É que na marca notória o risco de *parasitismo económico*[121] *é maior. Ou seja, a imitação ou usurpação de uma marca notória poderá trazer à empresa que proceda a esta prática um incremento nas vendas, fundado na confusão ou na associação com a marca original criada no espírito dos consumidores. Ademais, a empresa titular da marca original,* sairá prejudicada, pois as suas vendas, em princípio, diminuirão como consequência do aumento das vendas do concorrente usurpador. É precisamente por este risco acrescido de *parasitismo económico* que se justifica uma proteção da marca notória que vai para além do princípio do registo constitutivo.

Acresce que não é colocado em causa o sistema do registo, tendo em conta a valoração que lhe subjaz de segurança conferida pela publicidade. Com efeito, se a marca é notória, então, com enorme probabilidade, o concorrente desleal que procura registar marca igual terá certamente conhe-

---

[121] Sobre este aspeto, veja-se ANA AZEVEDO DE AMORIM, *Parasitismo económico e direito*, Coimbra, 2009, *passim*.

cimento da existência da mesma, até porque se tratará de uma pessoa fortemente ligada ao ramo de atividade. Assim, parece-nos perfeitamente justificada a solução consagrada pelo legislador no art. 241º/1[122/123].

Assim, de acordo com o atual regime, se *A*, empresa portuguesa, usar uma marca livre e a mesma tiver notoriedade, poderá opor-se ao registo de marca igual para produtos ou serviços idênticos ou afins e que com ela possa confundir-se.

IV – Não obstante ser conferida proteção a uma marca que não foi registada, apenas pelo facto de ser notória, a verdade é que a lei, em coerência com o sistema de base registal, estabelece, como pressuposto para o titular da marca notória exercer efetivamente o seu direito de intervir no processo de registo do seu concorrente, a fim de se opor ao mesmo, a necessidade de pedir previamente o registo da marca notória (art. 241º/2). O mesmo acontece se, no caso de a marca conflituante houver já sido registada, o usuário da marca notória quiser pedir a anulação desse registo (art. 266º/2)[124].

---

[122] No mesmo sentido, veja-se COUTO GONÇALVES, *Manual de Direito Industrial* cit., p. 169, nota 398. Apesar de nos parecer exagerada a afirmação do autor, segundo a qual a solução oposta violaria o princípio da igualdade, porquanto, apesar de tudo, o fundamento essencial da proteção *extraregistal* da marca notória se encontra no mencionado crescimento do comércio internacional, tendo, assim, a sua principal importância na defesa das marcas estrangeiras e não das nacionais, justificando-se, a essa luz, um eventual tratamento desigual na própria desigualdade das situações, não estando, portanto, cremos, em causa o princípio da igualdade.
[123] A este propósito, cabe referir que no CPI1940 se estabelecia apenas a proteção das marcas notórias estrangeiras. Tal resultava do art. 95º CPI1940, onde se podia ler «marca (...) notòriamente conhecida como pertencente a cidadão de *outro país da União*» (itálico nosso). Aplicando o art. 95º CPI1940, veja-se o ac. TRP de 21 de janeiro de 1993, em CJ, I, 1993, p. 209 e ss.. Escreveu-se no sumário deste acórdão que «a protecção da marca notoriamente conhecida, não registada, em face de outra marca já registada ou em vias de o ser, só é concedida (...) *às marcas notoriamente conhecidas como pertencentes a cidadãos de outros países da União* e não registadas em Portugal, pois que tais preceitos só visam regular litígios entre cidadãos de diferentes países da União (...). Assim, não serão de aplicar a conflitos que surjam entre partes portuguesas, impondo-se aí o aludido princípio da eficácia atributiva ou constitutiva do registo» (itálico nosso). Defendendo a ilegalidade do art. 95º CPI1940, veja-se GONÇALO RATO, *La protection des marques notoires*, 1988, pp. 63 e ss.. Contra, pode ver-se OEHEN MENDES, *Direito Industrial – I*, Coimbra, 1983/1984, p. 142 e ss..
[124] A propósito da imposição legal do registo como pressuposto do exercício dos direitos por parte do usuário da marca notória, refere OLIVEIRA ASCENSÃO, *Direito Comercial*, II cit., p. 173, que «por isso se poderá falar ainda nesses casos de um direito de prioridade para

Reflete, pois, este aspeto, o caráter do sistema português, que procura garantir a segurança conferida pelo registo, minimizando, no entanto as acima[125] referidas desvantagens deste sistema quando levado ao extremo, as quais resultariam de uma total ausência de relevância do uso. Assim, apesar de dar relevância ao uso, obriga o usuário a registar a marca como pressuposto para exercer os direitos que lhe cabem.

V – Podemos, pois, concluir serem quatro os requisitos para proteger a marca livre notória:

i) Ser a marca notória[126] em Portugal;
ii) Ser a marca registada, ou que se pretende registar, aplicada a produtos ou serviços idênticos ou afins;
iii) Haver possibilidade de confusão ou de estabelecimento de associação entre esta e a marca notória;
iv) Pedir o usuário o registo da marca notória em Portugal.

VI – A marca notória é também protegida criminalmente. Note-se, no entanto, que tal *proteção penal* dependerá de um *prévio pedido de registo* em Portugal (323º, *d*)). Quer isto dizer que o facto de usar, contrafazer ou imitar marcas notórias apenas é considerado crime se, à data da sua prática, existir já um *pedido de registo* da marca notória em Portugal.

Ora, se é verdade que o regime da marca notória demonstra a importância do uso em Portugal como fonte de posições jurídicas sobre a marca, o que é facto é que a necessidade de um pedido de *registo prévio para que o usuário exerça os direitos*, bem como a circunstância de a *tutela penal apenas ser conferida depois do referido pedido de registo*, vêm demonstrar a *manifesta importância do registo no sistema português* de aquisição do direito sobre a marca.

Assim, o segundo problema prático acima colocado no início do presente estudo[127] fica, como resulta do regime exposto, resolvido a favor do usuário, não obstante este ter o ónus de pedir o registo previamente.

---

registo de marca legitimamente conhecida no estrangeiro, que neste caso não teria nenhum limite de prazo».
[125] *Vide* § 6º.
[126] Veremos de seguida, como referimos já, o que se entende por marca notória.
[127] Cf. supra § 1º, 2.

VII – Analisado o regime da marca notória em Portugal, cabe agora caraterizá-la. A demarcação da marca notória face à marca ordinária é feita com base num *critério quantitativo abstrato*[128]. Assim, entende-se que para uma *marca gozar de notoriedade deverá ser conhecida por um setor significativo do público relevante*. Porém, há que precisar o que deve entender-se por público relevante.

Se se tratar de uma marca que assinale *produtos de grande consumo*, então, naturalmente, o público relevante será o *público em geral*. Se, ao invés, se tratar de uma marca que assinale produtos consumidos por um setor específico do público, então o público relevante será constituído por esse setor[129].

A propósito da caraterização da marca notória, afigura-se pertinente fazer referência à Recomendação Conjunta da Assembleia da União de Paris e da Assembleia Geral da OMPI[130], onde foram estabelecidos critérios que deverão auxiliar na qualificação. Assim, estabeleceu-se no art. 2º/1, b), da referida Recomendação, como elementos simplesmente indiciadores, que não obrigatórios[131], para a consideração de uma marca como notória, os seguintes:

---

[128] Abstrato na medida em que não nos parece correto estabelecer valores percentuais mínimos, pois tal será difícil de colocar em prática. Parece-nos, pois, que o critério quantitativo terá de ser aferido com base num juízo de valor que o tribunal tem de fazer em função de uma pluralidade de circunstâncias, nomeadamente as mencionadas na Recomendação Conjunta da Assembleia da União de Paris e da Assembleia Geral da OMPI, a que aludiremos abaixo.

[129] Neste sentido, pode ver-se COUTO GONÇALVES, *Manual de Direito Industrial* cit., pp. 252-253, GONÇALO RATO, *La protection* cit., p. 39 e ss., AMÉRICO DA SILVA CARVALHO, *Direito de Marcas*, Coimbra, 2004, p. 356, PINTO COELHO, *A protecção da marca notoriamente conhecida*, RLJ-84, p. 31 e ss., JORGE CRUZ, *Relatório sobre Portugal*, AIPPI(A), 1990, IV, p. 186 e ss., FERNÁNDEZ-NÓVOA, *Tratado de Derecho de Marcas*, 2ª ed., Madrid, 2004, p. 408 e ss., idem, *Fundamentos de Derecho de Marcas*, Madrid, 1984, p. 489 e ss., bem como PELLISÉ PRATS, *Adquisición mediante registro, del derecho sobre la marca frente a derechos anteriores extraregistrables*, em *Nuevos desarrolos en propriedade Industrial*, Madrid, 1993, p. 23. Existe, porém, doutrina que entende, a nosso ver incorrectamente, que o público relevante deverá ser sempre o público em geral. É o caso de PAUL MATHÉLY – *Le droit français des Signes Distinctifs*, Librarie du jornal des notaires et des avocats, Paris, 1984, p. 18, *Idem, Le Noveau droit français des marques*, Vélizy, 1994, p. 159, bem como de ANTOINE BRAUN e EMMANUEL CORNU – *Précis des Marques*, 5ª ed. Bruxelles, 2009, p. 722.

[130] Disponível em língua inglesa no sítio http://www.wipo.int/.

[131] Com efeito, estabelece a al. c), do nº 1, do art. 2º da Recomendação, que os elementos «constituem diretrizes para auxiliar as autoridades competentes a determinar se a marca é uma marca notória, não são pressupostos para atingir tal determinação. Antes, a determinação em cada caso dependerá das circunstâncias particulares desse caso. Nalguns casos, todos os

i) O grau de conhecimento ou reconhecimento da marca no setor relevante do público;
ii) A duração, extensão e área geográfica de uso da marca;
iii) A duração, extensão e área geográfica de promoção da marca, incluindo publicidade e apresentação, em feiras ou exposições, dos produtos a que a marca se aplica;
iv) A duração, extensão e área geográfica do registo, e/ou de outros pedidos de registo da marca, na medida em que os mesmos reflitam uso ou conhecimento da marca;
v) O registo de imposição bem-sucedida do respeito pelos direitos sobre a marca, na medida em que a marca seja reconhecida como notória pelas autoridades competentes;
vi) O valor associado à marca.

VIII – Uma outra questão que cabe colocar, diz respeito à comparação da previsão da norma protetora da marca notória, constante do art 241º/1, com aquela que estabelece a proteção da marca de prestígio[132] (art. 242º). Com efeito, para que seja aplicável o regime da marca notória a uma determinada marca, a mesma tem de ser «notoriamente conhecida em Portugal». Porém, se cotejarmos esta previsão com a do art. 242º, vemos que este art., no seu nº 1, protege a marca com prestígio em Portugal, mas, também, na União Europeia, se for uma marca comunitária. Qual a razão da divergência na previsão relativa ao âmbito espacial da notoriedade face ao do prestígio?

Uma marca comunitária, em nome do princípio da unidade, produz os mesmos efeitos em toda a União Europeia (art. 1º RMC). Assim, a proibição de registo em Portugal de uma marca conflituante com uma marca comunitária resulta imediatamente do art. 239º/1, *a)*, não sendo sequer necessário aplicar o regime da marca notória, já que este só serve para proteger marcas não registadas e a marca comunitária só adquire tal qualidade depois de registada. É, pois, por essa razão que o art. 241º só alude a marca conhecida em Portugal, pois seria redundante aludir à marca comu-

---

fatores poderão ser relevantes. Noutros, alguns fatores poderão ser relevantes. E noutros, ainda, nenhum dos fatores será relevante, e a decisão poderá ser baseada em fatores adicionais que não estão listados na alínea *b)* supra...».
[132] Ainda que esta seja analisada já de seguida.

nitária, porquanto a sua proteção resulta do facto da conjugação dos art.ᵒˢ 1º RMC e 239º/1, *a)* CPI.

Já quanto à marca de prestígio, justifica-se perfeitamente a referência, pois, como veremos infra, a mesma beneficia de uma excecional proteção ultramerceológica que não resultaria do art. 239º/1, *a)*, pelo que é necessária a inclusão expressa da marca com prestígio na União Europeia, ainda que não especificamente em Portugal, de molde a que a mesma possa gozar de proteção alargada.

IX – Quanto à situação jurídica que se verifica na esfera do *usuário da marca notória*, trata-se, quanto a nós, de um *direito exclusivo sobre a marca*, porquanto o usuário poderá impedir terceiros de usar a marca no exercício de atividades económicas, para produtos ou serviços idênticos ou afins, desde que haja risco de confusão ou associação (art. 241º). Ora, tal corresponde exatamente ao conteúdo constante do art. 258º, razão pela qual concluímos que o titular da marca livre notória tem um direito exclusivo.

Ao invés do que se verifica a propósito da marca livre ordinária, o direito do usuário da marca livre notória não está sujeito a uma condição resolutiva. Porém, o direito de anulação da marca registada prescreverá no prazo de 10 anos (art. 266º/4) a partir da data do despacho de concessão do registo, salvo se houver má fé, caso em que não ocorrerá a prescrição. No entanto, se o usuário da marca tolerar o uso de marca posterior registada confundível, então o referido direito de anulação precludirá, por tolerância, no prazo de 5 anos, nos termos do art. 267º/1. Estamos, neste caso, a sugerir a aplicação do art. 267º/1 *analogicamente*, já que a norma prevê aplicar-se apenas ao titular de marca *registada*, o que não se verifica no caso presente.

Refira-se, por fim, que o facto de o usuário da marca notória ter o ónus de pedir o registo da mesma como pressuposto para o exercício dos direitos (art. 241º/2 e 266º/2) demonstra a salutar preocupação do legislador em reforçar a importância do registo, dada a segurança jurídica que o mesmo promove. Não acompanhamos, no entanto, a ideia de que o usuário teria apenas um direito de prioridade sem prazo para pedir o registo[133] e, assim, adquirir o direito sobre a marca, apesar de, praticamente, tal afirmação

---

[133] Cf. PATRÍCIO PAÚL, *Concorrência Desleal*, p. 61.

não ser muito diferente da nossa, de acordo com a qual, existe um direito exclusivo sobre a marca.

Assim, tal como entendemos que, no caso da marca livre ordinária, existe um verdadeiro direito exclusivo sobre a marca sujeito a resolução, também aqui concluímos que existe esse direito sobre a marca notória.

14.3. A marca livre de prestígio

I – O simples uso de uma marca notória, nos termos acima mencionados, confere um direito exclusivo sobre ela. Porém, a proteção resultante desse direito não excede o princípio da especialidade, sendo que, apesar de o art. 16º/3 do Acordo Trips – aplicável imediatamente, em nossa opinião (art. 8º/1 CRP), em Portugal – estabelecer, em certos casos, a proteção ultramerceológica da marca notória, a verdade é que pressupõe o seu registo.

Porém, há um caso excecional em que o mero uso da marca confere um direito sobre a mesma no seio do qual se inscreve o poder de impedir outros de usar e registar a marca, ainda que para produtos sem identidade ou afinidade. Trata-se do caso das marcas de prestígio[134], previsto no art. 242º. Afigura-se fundamental fazer uma distinção clara e rigorosa da marca de prestígio face à marca notória, dada a fundamental diferença de regime. Porém, tal como fizemos a propósito da marca notória, será primeiro traçado o regime da marca de prestígio e só depois se procederá à demarcação da figura.

---

[134] Nas origens da proteção da marca de prestígio, portanto ainda antes da previsão normativa da mesma, veja-se PINTO COELHO, *O problema da protecção da marca quando usada por terceiro para produtos não idênticos nem similares*, sep. BFDC, v. 30, *passim*, bem como, idem, *A protecção da marca notória e da marca de reputação excepcional*, RLJ, 92º, nº 3142 a 3155, 3160, 3161 e 3166. Repudiando, pelo menos no passado, a possibilidade de proteção ultramerceológica, veja-se OLIVEIRA ASCENSÃO, *Direito Comercial*, II, p. 167, referindo, então, que «as grandes potências comerciais internacionais [teriam] feito grandes esforços para eliminar (...) a limitação [decorrente do princípio da especialidade], sem o conseguirem», defendendo «não adianta[r] apelar para a concorrência desleal, pois se não houve produto similar não [haveria] acto de concorrência». A propósito dos esforços feitos no sentido da proteção ultramerceológica da marca de prestígio, veja-se, citado por OLIVEIRA ASCENSÃO, *ibidem*, p. 167, nota 1, VAN BUNNEN, *Aspects actuels du droit des marques dans le Marché commun*, Bruxelas, 1967, n.ºˢ 238 e ss. Sobre a marca de prestígio atualmente, pode ver-se ANTÓNIO CÔRTE-REAL CRUZ, *O conteúdo e extensão do direito à marca: a marca de grande prestígio* cit..

II – De acordo com o art. 242º/1, será recusado o pedido de registo de uma marca confundível com uma marca anterior de prestígio em Portugal, ainda que aquela se destine a produtos ou serviços sem identidade ou afinidade, contanto que o uso da marca posterior procure tirar partido indevido do caráter distintivo ou do prestígio da marca, ou possa prejudicá-los.

Para além de se proteger a marca com prestígio em Portugal, resulta do art. 242º que uma marca comunitária, ainda que goze apenas de prestígio noutro ou noutros Estados-Membros, que não Portugal, deverá também ser protegida. Neste caso, porém, terá de ser já uma marca registada, pois, de acordo com o regime que vimos para a marca comunitária, o modo de aquisição da mesma ocorre através do registo, já que, como também se referiu, a relevância conferida ao uso tem na sua base a necessidade de respeitar sistemas nacionais europeus, mas não conferir o estatuto de marca comunitária a uma marca meramente usada[135].

Note-se, no entanto, que, para que o usuário da marca de prestígio beneficie da proteção concedida pelo art. 242º terá – tal como vimos para a marca notória – de requerer previamente o seu registo no nosso país para os produtos ou serviços relativamente aos quais tem prestígio (art. 242º/2). Se se tratar de uma marca comunitária, não terá de ser pedido esse registo, já que o mesmo produz efeitos imediatamente em Portugal (art. 1º/2 RMC), podendo, portanto, o seu titular opor-se imediatamente ao registo de marca confundível, ainda que usada para assinalar produtos sem identidade ou afinidade.

Mesmo nos casos em que a marca de prestígio está já registada, nem por isso a norma do art. 242º/1 perde a sua relevância. Com feito, a mesma protege para além do princípio da especialidade, o que significa que vai para além da proteção ordinária conferida pelo art. 239º/1, *a*) às marcas registadas.

São, assim, três os requisitos para que o usuário da marca livre de prestígio possa opor-se ao registo ou pedir a anulação de marca igual ou semelhante, ainda que para produtos ou serviços sem afinidade:

---

[135] Cf. § 4º, 8. Ademais, refira-se que, como já se disse também, a marca de prestígio apenas será protegida se se encontrar registada, conforme resulta do nº 5, do art. 8º RMC. E ao se exigir o registo da marca de prestígio para que, de acordo com o art. 8º/5 RMC, a mesma seja protegida, esse registo produzirá efeitos em Portugal, de acordo com o art. 1º/2 RMC.

i) Gozar a marca de *prestígio* em Portugal (se gozar de prestígio apenas noutro ou noutros Estados da União Europeia, então terá de estar registada como marca comunitária, caso em que não releva já enquanto marca livre);

ii) O uso da marca posterior procurar tirar *partido indevido* do caráter distintivo ou do prestígio da marca, ou puder prejudicá-los;

iii) Verificar-se o *pedido prévio de registo* em Portugal da marca de prestígio, se a mesma não for comunitária.

III – Analisado o regime, cabe agora proceder à demarcação da figura que o justifica.

Como tivemos oportunidade de apurar, a marca de prestígio goza de uma proteção extraordinária, constituindo mesmo o seu regime, nas palavras de Couto Gonçalves, uma «*solução anómala* no Direito das Marcas»[136]. E a solução é anómala pela seguinte razão: alguns direitos privativos intelectuais são protegidos com limites temporais, como um modo de compensar o esforço criativo e inovatório de alguém[137]. Se no caso das marcas a proteção é tendencialmente intemporal (art. 255º), então faz sentido que a marca seja protegida só no âmbito dos produtos e serviços que assinala, sob pena de, ao invés de se garantir a lealdade da concorrência, acabar por se entravar a mesma, através da restrição à liberdade de criação de marcas por parte das empresas. Nesta ótica, a proteção ultramerceológica é anómala.

Significa isso que teremos de ser muito exigentes nos critérios que presidirão à qualificação de uma marca como de prestígio, sob pena de se generalizar um regime que deve ser excecional[138].

Para qualificar uma marca como de prestígio, para além do *critério quantitativo* – nos moldes que vimos para a marca notória[139] –, importa, ainda, ter

---

[136] Couto Gonçalves, *Manual de Direito Industrial* cit., p. 259.

[137] *Idem, ibidem*, p. 259.

[138] É por esta razão, repisamos, que é importante estudar o regime antes de definir o âmbito de aplicação do mesmo, pois este deve ser traçado em função das valorações subjacentes àquele.

[139] Há, porém, doutrina que defende dever exigir-se uma quantidade superior relativamente à marca notória para estarmos perante uma marca de prestígio. Cf. Nogueira Serens, *A «Vulgarização» da Marca na Directiva 89/104/CEE, de 21 de Dezembro de 1988 (id est, no nosso direito futuro)*, Coimbra, 1995, p. 9. Afigura-se-nos pertinente, a este propósito, fazer alusão ao preâmbulo da LMes, do qual resulta que o critério de aferição de uma marca de prestígio é somente quantitativo. Com efeito de acordo com o mencionado preâmbulo «a marca notória

em conta um *critério qualitativo*. No fundo, está em causa o preenchimento jurídico do conceito "prestígio". Concentremo-nos então apenas no critério qualitativo, porquanto o quantitativo já acima ficou visto.

Parece-nos curial deixar uma primeira nota de cariz semântico. A palavra prestígio tem a sua raiz na palavra latina *praestīgĭum, ĭi*, que designa o estado de ilusão criado numa pessoa por aquele que exerce um truque de ilusionismo, podendo também significar «charlatanismo» ou «embuste»[140]. Atualmente, a palavra mantém o significado de «ilusão dos sentidos produzida por artes [de ilusionismo]»[141]. Porém, num sentido figurado, o vocábulo adquiriu o significado de «importância social, fascinação, encanto».

Sucede, no entanto, que noutros países optou-se por designar a mesma realidade jurídica através de vocábulos com tradução diversa. Assim, por exemplo, no Reino Unido usa-se a expressão *"reputation"*[142], em França, *"renommée"*, em Espanha "renombre". Optou-se, nestes países, por palavras traduzíveis em português por "renome", "reputação". Tais opções não se deveram à inexistência de um vocábulo próximo de prestígio, nos referidos idiomas, mas apenas a uma opção legística. Com efeito, quer os ingleses, quer os franceses, têm o vocábulo *"prestige"*, pertencendo ao vocabulário espanhol a palavra "prestigio".

Assim, e recorrendo ao panorama internacional para interpretar a opção nacional por "prestígio", podemos concluir que, no contexto, tal vocábulo visa significar simplesmente "reputação" ou "boa fama", não estando, portanto, em causa já o sentido primitivo da palavra "prestígio". Em conclusão, uma marca de prestígio será uma marca que, mais do que notoriamente conhecida, adquiriu no espírito dos consumidores uma especial reputação.

Feita esta prévia referência semântica, avancemos na caraterização jurídica da marca de prestígio. A marca de prestígio é, de acordo com o que se disse, uma marca que goza de uma superior reputação. E a consequência

é a conhecida pelo setor pertinente do público a que se destinam os produtos ou serviços (...). Quando a marca é conhecida pelo público em geral, considera-se que a mesma é *renombrada* [equivalente à marca prestigiada em Portugal] (...)». Assim, segundo a LMes, a distinção entre marca notória e de prestígio não opera em função de um critério qualitativo, mas apenas em função de um critério quantitativo. Na nossa opinião, será sempre pouco viável – por dificilmente praticável – estabelecer um critério quantitativo distinto para marcas notórias e de prestígio, pelo que a diferença entre ambas deverá residir apenas no critério qualitativo.

[140] Cf. ANTÓNIO GOMES FERREIRA, *Dicionário de latim-português*, Porto Editora, Porto, p. 919.
[141] AA/VV, *Dicionário da língua portuguesa*, 8ª ed., Porto Editora, Porto, 2000, p. 1322.
[142] Cf. art. 4º/3 DM.

dessa reputação é a força atrativa inerente à marca, ao ponto de a mesma ser transponível com sucesso comercial para outros produtos diferentes daqueles que eram originariamente por si assinalados. E é neste aspeto que reside a pedra de toque da marca de prestígio: a marca tem o efeito de levar as pessoas a adquirirem um produto, não só, ou não tanto, pelo produto, mas pela própria marca[143]. E é este o cerne da diferença entre as marcas notórias e de prestígio. Uma coisa é uma marca ser muito conhecida; outra é ela ser capaz, pela qualidade que lhe está associada, de gerar uma apetência particular, por parte dos consumidores, no sentido de adquirirem um produto principalmente por ser por ela assinalado[144]. Trata-se, resumindo, de uma marca que as pessoas associam a produtos com uma certa qualidade e que, portanto, é capaz de emprestar o seu *selling power* a outros produtos, que não apenas aqueles que eram originariamente por ela assinalados[145].

Ora, é precisamente esse facto que justifica a proteção ultramerceológica que é dada às marcas de prestígio. Com efeito, se a marca tem uma atratividade tal que, mesmo usada noutros produtos, incrementa as vendas, então a proteção conferida ao seu titular deve abranger produtos para além daqueles que a mesma tradicionalmente assinala, sob pena de se abrir as portas ao parasitismo económico – ao ato de beneficiar da reputação alheia –, bem como à possibilidade de denegrir a imagem da marca de prestígio através do seu uso em produtos de má qualidade que nada tenham a ver com a marca ou.

---

[143] Como exemplos de marcas de prestígio, veja-se Couto Gonçalves, *Direito Industrial* cit., p. 258, nota 665, nomeadamente, *Rolex, Delta, Michelin, Becel, Puma, Jaguar, Barca Velha, Gió di Giorgio Armani, Vogue, West, Scooby-doo, Salsa, SIC*.

[144] É por esta razão que o critério de distinção entre a marca notória e a marca de prestígio não pode ser apenas quantitativo como resulta, por exemplo, do preâmbulo da LMes, conforme se referiu supra na nota 139. Sem menosprezar o critério qualitativo, Couto Gonçalves, *Manual de Direito Industrial* cit., p. 260, nota 671, defende dever haver uma percentagem mínima de notoriedade para que uma marca seja de prestígio, estabelecendo-a em 75 % ou, pelo menos, dois terços dos consumidores do mercado em referência. Parece-nos, no entanto, difícil, como já referimos, pôr em prática este tipo de critério.

[145] Segundo Couto Gonçalves, *Manual de Direito Industrial* cit., p. 260, a marca é de prestígio quando tiver «penetrado no espírito do consumidor com uma imagem positiva de qualidade dos produtos ou serviços que distingue». De acordo com o autor, *ibidem*, p. 260, o prestígio reflete-se, portanto, ou num elevado *valor simbólico-evocativo* junto do público consumidor, ou num *elevado grau de satisfação* junto do referido público.

Ainda a propósito do critério qualitativo, refira-se que não está em causa tanto a qualidade[146] dos bens, não obstante não ser concebível uma marca de prestígio de bens de fraca qualidade. Mas, pode haver marcas que assinalem bens de grande qualidade e que, no entanto, não tenham prestígio por lhes faltar a notoriedade e por a marca não ser um valor em si: não ter o já mencionado *selling power*. O que está em causa é, portanto, o próprio significado que a marca adquiriu na mente dos consumidores. Trata-se de uma marca que, normalmente, por força de maciças campanhas publicitárias, se tornou muito notória, refletindo um produto apto a satisfazer de modo profícuo as necessidades do consumidor.

Em síntese, o que importa para qualificar uma marca como de prestígio é que, para além de ter notoriedade – no sentido de ser conhecida por um segmento relevante do público consumidor daquele tipo de produtos –, esteja associada a produtos de, pelo menos, alguma qualidade e essa associação crie no consumidor uma apetência pela marca, que poderá levá-lo a consumir outros produtos por ela assinalados, ainda que a mesma não esteja originariamente a eles associada[147].

IV – Há que fazer, agora, uma referência às razões subjacentes à proteção da marca de prestígio, a qual auxilia também na própria construção do critério para a definir.

Tais razões são, em parte, as mesmas que vimos acima para a marca notória. Porém, porque a proteção da marca de prestígio vai para além daquela que é conferida à marca notória, há que justificar a razão subjacente a tal. O que está na base da proteção ultramerceológica é a proteção do próprio prestígio da marca: visa-se conservar esse prestígio, não permitindo que outras empresas, assinalando os seus produtos com a marca de prestígio, provoquem a sua *diluição*, isto é, a sua descaracterização ou banalização, podendo mesmo, mais do que descaracterizá-la, denegri-la, se

---

[146] Conforme refere Couto Gonçalves, *Manual de Direito Industrial* cit., p. 260, os produtos ou serviços assinalados pela marca notória não terão necessariamente «uma excepcional, sequer, boa qualidade objectiva. Não é da qualidade dos produtos ou serviços que se trata, mas sim do particular significado que a marca representa junto do consumidor médio em ordem à satisfação, bem sucedida, de determinadas necessidades concretas».

[147] Veja-se, a título de exemplo, o caso da marca *Ferrari*, que primitivamente assinalava apenas veículos automóveis, assinalando, atualmente, múltiplos produtos, nomeadamente, perfumes, relógios, roupa, malas de viagem, etc..

o produto assinalado for de muito fraca qualidade ou de um género totalmente incompatível ou desprestigiante face aos produtos tradicionalmente assinalados pela marca originária[148]. Destarte, poderá ser, também, usado o critério da possibilidade de diluição da marca e, assim, de erosão do prestígio, como um auxílio na caraterização da própria marca de prestígio.

V – Por fim, cabe *identificar a situação jurídica do usuário da marca livre de prestígio*. Trata-se, mais uma vez, de um direito de exclusivo nos exatos termos mencionados acima a propósito da marca notória, pelo que para lá se remete, com a diferença de o poder de impedir que outros usem marca confundível ser de âmbito mais extenso, já que abrange quaisquer bens ou serviços.

15. O uso da marca e a sua proteção reflexa por via do instituto da concorrência desleal
15.1. O regime do art. 239º/1, *e*), conjugado com o art. 266º/1

I – Vimos, até agora, alguns casos, excecionais, em que o simples uso da marca atribui ao usuário um direito exclusivo sobre a mesma. Em tais situações, o uso da marca confere, de *per si*, independentemente da suscetibilidade de deslealdade na concorrência, uma proteção. Há, porém, casos em que, não conferindo o uso da marca qualquer direito, verifica-se, com o registo e uso de outra, uma situação de concorrência desleal, razão pela qual o usuário acaba por ser reflexamente protegido[149].

Como se viu supra, a propósito da prioridade de registo do usuário da marca livre ordinária nos primeiros seis meses, este tem, durante esse prazo, o direito de reclamar do pedido de registo feito por outrem (art. 227º/1 e 236º/1), bem como o de recorrer judicialmente de decisão que

---

[148] Recorrendo a dois exemplos de PEDRO SOUSA E SILVA, *O princípio da especialidade das marcas. A regra e a excepção: as marcas de grande prestígio*, ROA, Ano 58, I, Janeiro de 1998, p. 379, imagine-se que «a conhecida marca *Valium*, de medicamentos tranquilizantes, é adoptada por um terceiro para assinalar... urnas funerárias» ou que «a renomada marca Ferrari começa a ser usada em artigos pornográficos».

[149] Sublinhe-se, desde já, apesar de o assunto ser desenvolvido mais abaixo, que o usuário não tem, neste caso, qualquer direito privativo sobre a marca. O instituto da concorrência desleal não concede quaisquer direitos subjetivos. Citando COUTO GONÇALVES, *Manual de Direito Industrial* cit., p. 381, o instituto da concorrência desleal «essencialmente, estabelece uma proibição de actos desleais, reconhece a cada um deles um interesse juridicamente protegido (...). O que está em causa não é a atribuição de direitos, mas a proibição de condutas».

conceda esse registo (art. 41º/1). Concluir-se-ia, então, que, fora do período de seis meses, e salvo nos casos em que a marca fosse notória ou de prestígio, o usuário da marca careceria de qualquer proteção.

Acontece, porém, que, de acordo com o artº 239º/1, *e*), o usuário de marca livre ordinária poderá, mesmo após esses seis meses, opor-se ao registo de marca posterior *nos casos em que desse registo possa resultar a prática de concorrência desleal, ainda que não intencional*[150]. Esta solução não constitui, no entanto, novidade: remonta ao CPI1945[151]. O que constitui, sim, novidade é o facto de o CPI2003 conferir ao usuário da marca o poder de pedir a anulação do registo da marca, nos termos do art. 266º/1[152].

II – Analisemos o regime da norma constante da al. *e*), do nº 1, do art. 239º.

---

[150] O tipo de concorrência desleal em causa consistiria, para o que aqui nos interessa, na criação, com a marca registada, de confusão com os produtos ou serviços do titular da marca livre [art. 317º *a*)]. Porém, COUTO GONÇALVES, *Manual de Direito Industrial* cit., p. 248, nota 248, indica outros exemplos possíveis de situações de concorrência desleal subsumíveis ao art. 239º/1, *e*): «pedido de registo de uma marca que contenha o logótipo, não registado, de uma entidade muito conhecida; o pedido de registo de uma marca feito sem intenção de uso, apenas com intenção de evitar o pedido por parte de um concorrente e a consequente entrada no mercado; o pedido de registo de uma marca que, do modo ardiloso como é apresentada (*v.g.* produto tipo x ou y), é suscetível de induzir em erro o consumidor».

[151] Com efeito, quer o CPI1940, quer o CPI1995, apenas previam, no art. 187º/4 e no art. 25º/1, *d*), respetivamente, a existência de fundamento de recusa, não cominando com nulidade ou anulabilidade o ato de concessão do registo (cf. art. 122º CPI1940 e 33º e 214º CPI1995), o que significava, em princípio, que uma vez adquirido o direito pelo registo, o anterior usuário nada mais poderia fazer. A este propósito, e na vigência do CPI1995, escreveu OLIVEIRA ASCENSÃO, *Concorrência desleal* cit., p. 438, que, se «alguém não registou, podendo fazê-lo, não se pode queixar por outrem o ter ultrapassado nesse registo. O recurso à concorrência desleal não pode ser um sub-rogado, para obter o efeito que se não conseguiu ou não acautelou através da titularidade de um direito privativo». Note-se, no entanto, que, aparentemente, nem sempre foi esta a posição do autor. Com efeito, em *Direito Comercial*, II cit., p. 177, e à luz do CPI1945, escreveu OLIVEIRA ASCENSÃO o seguinte: «poderá o que usa socorrer-se da previsão da concorrência desleal? Supomos que sim. Registar a marca de outrem é forma de concorrência desleal. E o art. 187º/4 manda genericamente recusar o registo se o requerente pretende fazer concorrência desleal, ou se esta é possível independentemente da sua intenção». Este assunto será, porém, desenvolvido mais abaixo.

[152] Na versão originária do CPI, era a al. *b*), do nº 1, do art. 266º, que cominava expressamente com a anulabilidade o registo de marca «[q]uando se reconhe[cesse] que o titular do registo pretend[ia] fazer concorrência desleal, ou que esta [seria] possível independentemente da sua intenção».

Comecemos por ver os *pressupostos para a aplicação do referido regime*, os quais serão estudados apenas à luz daquilo que nos interessa nesta investigação, que é a aquisição do direito sobre a marca. Com efeito, da al. *e)* poderia resultar a recusa de registo de uma marca por semelhança com um logótipo usado previamente. Porém, tal hipótese não nos interessaria aqui.

Feita esta ressalva, em *primeiro lugar* é necessário que se verifique o uso de uma marca não registada anterior ao do requerente do registo.

Em segundo lugar, será necessário que resulte de um exercício de prognose póstuma que, do registo da marca, se verifique uma situação de concorrência desleal, ainda que meramente objetiva, isto é, sem culpa. Detenhamo-nos um pouco sobre este segundo requisito.

Como resulta do que acabámos de afirmar, não está em causa um *ato consumado*[153] *de concorrência desleal. Nem sequer poderia estar. Com efeito, a norma atua a um nível preventivo, o que decorre, também, do contexto sistemático em que está inserida: fundamentos de recusa de uma marca.* O que está em causa é, pois, recusar o registo de uma marca que, se usada, geraria concorrência desleal. Para efeitos de aplicação da norma, não releva a intenção do requerente. Assim, desde que o uso da marca seja *suscetível*, independentemente da intenção, de gerar concorrência desleal, o seu registo deverá ser recusado.

Em terceiro lugar, na nossa opinião, e por maioria de razão, dever-se--ia aplicar ao usuário de marca livre ordinária, analogicamente, os art.ᵒˢ 241º/2 e 266º/2, devendo, portanto, este requerer o registo da sua marca que dá origem à oposição ao registo da marca de terceiro ou ao pedido de anulação do registo já efetuado, como pressuposto para poder impor a sua posição. Com efeito, apesar de a oposição se basear no instituto da concorrência desleal, este último apenas é convocado por causa do uso prévio de uma marca livre com a qual a registanda (ou registada) se assemelha, sendo que as razões de segurança jurídica e de reforço de um sistema *aparentemente* registal subjacentes aos art.ᵒˢ acima mencionados são também válidas para o caso em apreço.

No entanto, e porque *de iure condito* este requisito não é exigido, não estando o INPI porventura preparado para lidar com tal situação, apenas o propomos *de iure condendo*.

---

[153] Cf. Couto Gonçalves, *Manual de Direito Industrial* cit., p. 247. No entanto, como, de acordo com o art. 266º/1, se permite a anulação do registo da marca com fundamento em infração do disposto no art. 239º/1, *e)*, então poderá dar-se o caso de a concorrência desleal ter sido já consumada.

DA AQUISIÇÃO ORIGINÁRIA DO DIREITO SOBRE A MARCA (USO VS. REGISTO)

Assim, de acordo com a norma, e tendo em conta o aspeto que aqui nos interessa tratar – o da marca de facto –, são, em resumo, os seguintes os pressupostos para a sua proteção reflexa por via do instituto da prevenção e repressão da concorrência desleal:

i) Uso prévio de uma marca de facto, relativamente ao do requerente do registo da marca concorrente;

ii) Existência de possibilidade de ocorrência de uma situação de concorrência desleal com o uso da marca registanda[154];

---

[154] Discutindo o critério para aplicação do art. 239º/1, *e)*, veja-se o ac. STJ 03-05-2011, Proc. nº 706/07.3TYLSB.L1-1. Um ac. interessantíssimo sobre a (não) aplicação do art. 239º/1, *e)*, por remissão do art. 266º/1, é o ac. STJ 26-11-2009, Proc nº 08B3671. No caso, verificou-se uma situação que, a nosso ver, se subsumia no art. 239º/1, *e)*, sendo que, no caso, existia inclusivamente má fé do requerente do registo, já que, apesar de usar a marca «Menapeças» exclusivamente em Portugal continental, sabia – o que sempre aceitou – que uma empresa, com a qual tinha relações comerciais, usava a mesma marca exclusivamente na Madeira, ainda que esta última tenha começado o uso 3 mais tarde. No entanto, na região da Madeira o seu uso começou primeiro (em 1987, contra o do concorrente que começou em 2003), pelo que, para efeitos de verificação dos pressupostos acima mencionados de aplicação do art. 239º/1, *e)*, consideramos tratar-se de um uso prévio. Com efeito, apesar de o requerente ter começado a usar a marca primeiro (1984), tal uso foi feito exclusivamente em Portugal continental, sendo que entre 1987 e 2003, a marca foi usada apenas pela empresa lesada na Madeira. Assim, esta última, não obstante usuária em segundo ludar, deverá ser considerada pré-usuária na ilha da Madeira. Ora, no ac., fez-se referência ao art. 239º/1, *e)*, mas o mesmo não seria aplicado, permitindo-se, assim, que o requerente usasse a marca que havia registado na Madeira, a qual, entre 1987 e 2003, tinha sido exclusivamente usada pelo usuário não requerente, com conhecimento, como se referiu, do requerente. Para estas situações, constituiria uma razoável solução, parece-nos, a constante de uma norma como a do acima abordado art. 12º/1, *a)* do CPIit (cf. § 2º, 4.3.), nos termos do qual «o uso prévio do sinal, quando (...) importe a notoriedade puramente local, não retira a novidade [à marca posterior], mas o terceiro pré-usuário tem o direito de continuar a usar a marca, também para fins de publicidade, dentro dos limites de difusão local, não obstante o registo da marca semelhante». Em sentido próximo, pode citar-se também o já supramencionado art. 2571º do CCIt, onde se estabelece, sob a epígrafe «pré-uso», «que quem tem feito uso de uma marca não registada *tem a faculdade* de continuar a usá-la, não obstante o registo obtido por outrem, nos limites em que anteriormente se valeu dela» (itálico nosso) (cf. § 2º, 4.3.). Ainda no mesmo sentido, refira-se a *section* 11 (3) UKTA, onde se estabelece que uma marca registada não se considerará lesada pelo uso, no exercício do comércio numa determinada localidade, de um *earlier right*, o que se aplicará, porém, apenas nessa localidade (cf. § 2º, 3.2.). A aplicação da solução constante das normas citadas ao caso teria como consequência que o usuário da marca na ilha da Madeira poderia continuar a usá-la, não se podendo, no entanto, opor ao registo e uso do requerente.

Quanto ao *prazo de exercício do direito* de oposição ao – ou de anulação do – registo da marca, entendemos que, para além do prazo de caducidade de 10 anos, nos termos gerais do art. 266º/4, o direito de pedir a anulação precludirá pela aplicação, por maioria de razão, do art. 267º/1. Assim, se o usuário da marca, tendo conhecimento do registo de marca posterior de outrem, no contexto da al. *e*), do nº 1, do art. 239º, tiver tolerado, durante cinco anos, o uso dessa marca, deixará, naturalmente, de ter o direito de requerer a anulação do registo da marca posterior, ou de se opor ao seu uso, em relação aos produtos ou serviços nos quais a marca posterior tenha sido usada (art. 267º/1), a menos que o registo da marca posterior tenha sido efetuado de má-fé, caso em que não haverá preclusão, nem caducidade (cf. as partes finais dos art.ᵒˢ 266º/4 e 267º/1).

15.2. A (quase) confluência entre o instituto da concorrência desleal e o direito sobre a marca. Consagração de um sistema quase-misto

I – Analisado o regime através do qual se protege o usuário da marca livre ordinária, cabe indagar da natureza da posição jurídica do mesmo sobre a marca. Como já adiantámos, não se trata de um direito. Porém, impõe-se fundamentar essa rejeição, a fim de se compreender perfeitamente a razão que nos levou a qualificar as situações anteriores de mero uso como direitos, ao contrário da ora em apreço.

Essa justificação implicará, porém, uma análise das fronteiras entre o instituto da concorrência desleal e os direitos de propriedade industrial, mais concretamente, o direito sobre a marca. Com efeito, a norma em análise está no cerne da problemática relacionada com o estabelecimento das mencionadas fronteiras, tendo, a propósito do preceito correspondente no CPI1995 – o art. 24º/1, *d*) –, afirmado OLIVEIRA ASCENSÃO que, em casos como os da referida norma, a concorrência desleal e o direito privativo seriam institutos *secantes*[155].

---

[155] Cf. OLIVEIRA ASCENSÃO, *Concorrência desleal* cit., p. 73, que, a propósito do art. 25º/1, *d*) que continha a norma correspondente à do atual art. 239º/1, *e*), e depois de referir haver pontos de confluência entre a concorrência desleal e os direitos de propriedade industrial, afirmou que se tratava de uma zona em que os institutos seriam secantes. A confusão entre os institutos era patente em LOBO D'ÁVILA LIMA, *Da concorrência desleal*, Coimbra, 1910, nº 16, que defendeu tratar-se a marca do mais vasto e complexo capítulo da concorrência desleal. No entanto, se há casos em que a confusão é compreensível, pois a diferença é mais teórica (conceptual) do que prática, outros há em que não há qualquer confusão possível. Assim, por exemplo, não se tem por correto, demonstrando, a nosso ver, a confusão entre institutos, o

DA AQUISIÇÃO ORIGINÁRIA DO DIREITO SOBRE A MARCA (USO *VS.* REGISTO)

Antes de mais, importa dizer que, sem prejuízo da autonomia do conceito "concorrência desleal", a aplicação das normas que consubstanciam o instituto flutua ao sabor da criação dos direitos de propriedade industrial. Ou seja, apesar de a concorrência desleal, enquanto conceito não ser recortada negativamente pela génese de direitos privativos, a verdade é que o seu âmbito de aplicação acaba por ser demarcado por aqueles[156].

Isto é assim porque, não obstante poder haver concurso entre a violação do direito privativo e a violação da concorrência desleal, tal concurso é meramente aparente, já que se aplicará sempre a norma mais precisa, que será a protetora do direito privativo. Tal não significa, repise-se, a erosão

---

raciocínio do TRL, em ac. de 03.07.90, (publicado na C.J. 1990, IV, p. 119), segundo o qual «o facto de duas marcas se destinarem a assinalar produtos diferentes e sem afinidade, não esgota todas as facetas possíveis da concorrência desleal, em especial quando a que primeiramente obteve protecção é de excepcional renome». É que no caso do ac. não havia qualquer relação de concorrência, já que os produtos em causa não são semelhantes, nem afins. Note-se que este erro foi repetido pelo ac. de 28-10-2003 (proc. nº 0071202), em cujo sumário se pode ler exatamente o mesmo. No sentido correto, veja-se, por exemplo, o ac. STJ de 11-nov.-1997, CJ-STJ, 1997-3, 127, onde se refere que só poderá haver concorrência desleal se existir proximidade entre as atividades das empresas detentoras das marcas.

[156] Neste sentido, não estamos completamente de acordo com OLIVEIRA ASCENSÃO, *Concorrência desleal* cit., p. 75, quando refere que «[a] concorrência desleal implica um tipo autónomo de tutela, centrada no desvalor das condutas, e é independente da manifestação ou não de direitos embrionários. Não tem carácter fragmentário, nem é delimitada negativamente pelos direitos privativos.». Parece-nos, pois, mais realista a posição de CARLOS OLAVO, *Introdução ao Direito Industrial*, em *Direito Industrial*, vol. V, Coimbra, 2005, versão disponível on-line em www.apdi.pt, p. 15. Segundo o autor, «[a] flutuação de critérios diferenciadores é (...) uma realidade dinâmica, que acompanha a evolução legislativa (...) [porquanto] actos considerados de concorrência desleal podem passar a integrar-se no âmbito da protecção dos direitos privativos e vice-versa», dando depois o exemplo «da protecção das marcas notórias e de prestígio relativamente a produtos ou serviços que não sejam idênticos nem afins daqueles a que tais marcas se destinam»; com efeito, no âmbito do CPI1940, que era totalmente omisso sobre a matéria, tal proteção apenas operaria através do instituto da concorrência desleal. Não quer isto dizer, naturalmente, que o conceito de concorrência desleal sofra alteração. Ele permanece intacto: um ato de concorrência desleal é sempre um ato de concorrência desleal. A técnica de prevenção ou repressão da mesma é que passa a ser efetivada por uma via diversa: a da atribuição de direitos. Até porque, como escreveu OLIVEIRA ASCENSÃO, *Concorrência desleal* cit., p. 435, «[a] regra de Direito Industrial, porque mais precisa, afasta a aplicação da regra de concorrência desleal. Pelo que, afinal, só a regra de Direito Industrial se aplica efetivamente». Neste sentido, veja-se o ac. STJ 30-10-2003, Proc. nº 03B2331, onde se escreveu que «[o]nde incida a tutela dos direitos privativos, fica prejudicada a invocação da concorrência desleal, pois aquela primeira deixa esvaziado o espaço que compete a esta última».

do conceito de concorrência desleal, mas apenas a sua efetivação jurídica pela via da atribuição de direitos de propriedade sobre bens incorpóreos.

II – Feita esta breve análise da complexa relação entre concorrência desleal e direitos de propriedade industrial, estamos agora em condições de avançar para a determinação da natureza da posição jurídica do usuário da marca livre ordinária. Porque o legislador não refere em local algum tratar-se de um direito privativo, só mediante uma equiparação com o regime consagrado no art. 258º poderíamos afirmar estar em causa um direito. Fizemo-lo para os casos da marca livre ordinária nos primeiros 6 meses de uso, da marca livre notória e da marca de prestígio (art.ºs 227º, 241º e 242º, respetivamente). Porém, não o podemos fazer para o caso presente.

A prova de que o usuário, neste caso, não tem um direito privativo sobre a marca reside no facto de não existir qualquer possibilidade de o mesmo se opor ao registo de marca confundível se do uso da mesma não resultar a concorrência desleal. É verdade que a questão é essencialmente teórica, pois, em princípio, o uso de marca confundível gerará concorrência desleal[157], ou seja, a suscetibilidade de criar confusão com os produtos ou serviços do usuário, nos termos do art. 317º/1, *a)*. Porém, a verdade é que a proteção da concorrência desleal não se estenderá necessariamente a toda a circunscrição territorial em que seria concedido o exclusivo do direito sobre a marca, caso o usuário a registasse, mas apenas ao círculo onde a marca é usada[158]. Tal significa que poderá haver casos de registo de marca confundível para os mesmos bens ou serviços de marca anteriormente usada, sem que, na prática, se verifique concorrência desleal.

Assim, podemos afirmar que, enquanto nos casos de existência de direito sobre a marca, esta é protegida em si mesma, independentemente da existência ou da suscetibilidade de existência de concorrência desleal, nos casos do art. 239º/1, *e)*, será necessário aferir se, em concreto, do registo da marca se verificará concorrência desleal, podendo, portanto, vislumbrar-

---

[157] E daí a grande dificuldade em, neste caso, traçar as fronteiras entre o instituto da concorrência desleal e o direito sobre a marca.
[158] Cf. ALLOIS TROLLER, *Immaterialgüterrecht*, 3ª ed. Estugarda, 1968, pp. 932 e 937, citado por OLIVEIRA ASCENSÃO, *Concorrência desleal* cit., p. 436, nota 31. Este último autor, *ibidem*, p. 436, refere, como exemplo, que «o exclusivo atribuído ao nome e à insígnia do estabelecimento poderá estender-se a todo o território nacional, mas uma acção por concorrência desleal só pode intentar-se contra quem se encontra numa relação efectiva de concorrência».

-se hipóteses em que, se o usuário tivesse registado a sua marca, poderia impedir o registo e uso do concorrente, mas na falta de tal registo não o poderá fazer, por não estar preenchido o art. 239º/1, *e)*. E tanto basta para afirmar não se estar no art. 239º/1, *e)* perante um direito exclusivo[159], ao contrário dos casos acima estudados.

III – Estamos já em condições de dar um passo fundamental no presente estudo, qual seja o de fazer a subsunção do sistema português de aquisição do direito sobre a marca num dos sistemas abstratos acima caraterizados[160].

Conforme resulta do que acabámos de referir, apesar de o usuário não ter um direito exclusivo sobre a marca, a verdade é que o mesmo acaba por ser protegido se houver suscetibilidade de, com o registo da marca concorrente, se verificar concorrência desleal, sendo que tal ocorreria se a marca registanda viesse a ser usada na circunscrição territorial onde é usada a marca livre.

Ora, parece, assim, que esta proteção reflexa do usuário da marca através da concorrência desleal não se afasta muito da proteção conferida à marca livre nos países com sistemas mistos, onde tal proteção se circunscreve, normalmente, ao âmbito em que a marca é usada.

Defendemos por isso que, da conjugação do art. 239º/1, *e)* com o art. 266º/1, resulta que o nosso sistema de aquisição do direito sobre a marca acaba por se aproximar do sistema misto. Tal é reforçado pelo facto de, sendo Portugal um país pequeno, ser comum o uso de uma marca em todo o território. Assim, denominamos o sistema português de um sistema *quase-misto*.

Poder-se-ia criticar o nosso raciocínio, com o argumento de que constituiria uma contradição defender, como fizemos, que do art. 239º/1, *e)* não decorre a atribuição de um direito exclusivo ao usuário, e, ao mesmo tempo, afirmar que o sistema de aquisição do direito sobre a marca se aproximaria do sistema misto, o qual pressupõe a possibilidade dessa aquisição, alternativamente, pelo uso ou pelo registo.

Mas, na verdade, a contradição é aparente, pois, como também demonstrámos, a posição que o usuário da marca adquire com o uso não difere

---

[159] Assim, usando uma expressão de OLIVEIRA ASCENSÃO, *Direito Comercial*, II cit., p. 177, «fica de fora a protecção no próprio terreno da marca», porquanto esta se protege reflexamente no *terreno* da concorrência desleal.
[160] Cf. § 5º, 9.

muito, na prática, daquela que é atribuída ao usuário da marca nos sistemas mistos, conforme estudámos no primeiro capítulo. De resto, a força da posição jurídica do usuário em Portugal leva COUTO GONÇALVES a afirmar, porventura com algum exagero, que «o titular de uma marca de facto acaba por ter um direito tão forte ou mesmo, na medida em que o possa vir a anular, um direito mas forte que o do titular de uma marca registada»[161].

15.3. Art. 239º/1, e): redundância normativa face ao instituto da concorrência desleal?

I – Feita a exposição do regime e demonstrada a geração pelo mesmo de uma *quase* confluência entre o instituto da concorrência desleal e o direito sobre a marca, importa ainda analisar um aspeto importante que se reflete na seguinte questão: será que a al. *e)* do art. 239º/1, tem utilidade face ao que resulta já do art. 317º/1, *a)*, conjugado com o art. 338º-I (*ex vi* do art. 317º/2)? Por outras palavras: será que do funcionamento das regras de concorrência desleal não resultaria já o regime consagrado pelo art. 239º/1, *e)* e 266º/1? Vejamos.

II – Para que se verifique a concorrência desleal, não é necessária a culpa – no sentido lato de dolo ou negligência – do concorrente[162]. Com efeito, poderá haver uma desconformidade meramente *objetiva* com as práticas

---

[161] Cf. COUTO GONÇALVES, *Manual de Direito Industrial* cit., p. 249. Note-se, ainda assim, que o mesmo autor, *ibidem*, p. 168, havia escrito, a propósito da mesma situação, que o usuário da marca livre tem neste caso uma «*posição legitimamente adquirida* no mercado que pode ser protegida através das normas punitivas da concorrência desleal» (itálico nosso).

[162] A este propósito, pode ver-se o Ac. do TRP de 09-02-2006, Proc. nº 0536911, onde se pode ler que «a ilicitude do acto provém exclusivamente de ser enquadrável no tipo legal de "Concorrência Desleal" (...)», sendo que «tal ilicitude verifica-se, portanto, independentemente até de intenção do concorrente (...). Daí que para haver concorrência desleal não seja necessária a culpa do agente (Roubier, Le Droit de Proprieté Industrielle, Paris, 1952, vol. I, pág. 513, em anotação ao artº 1.382 do Código Civil francês)»; cf., ainda, os acs. STJ de 13-11-1973, BMJ 231, p. 181 e ss. e TRL de 11-10-1974, BMJ 240, p. 267. No mesmo sentido, OLIVEIRA ASCENSÃO, *Concorrência desleal* cit., p. 191 e ss., *idem*, *Direito Comercial*, II, cit., pp. 60-61, COUTO GONÇALVES, *Manual de Direito Industrial* cit., p. 363, bem como ADELAIDE MENEZES LEITÃO, *Estudo de Direito privado sobre a cláusula geral da concorrência desleal*, Coimbra, 2008. Em sentido oposto, BARBOSA DE MAGALHÃES, *Do estabelecimento comercial: estudo de direito privado*, 2ª ed., Lisboa, 1951, pp. 184-185, afirmava que para haver concorrência desleal seria sempre necessária a culpa.

da leal concorrência[163], sendo que, nesse caso, os concorrentes poderão socorrer-se dos mecanismos legais destinados a fazer cessar a atividade geradora de tal desconformidade. Sublinhe-se, no entanto, que, naturalmente, nestes casos, nunca haverá responsabilidade civil, pois falta um dos pressupostos: a culpa[164].

Assim, tendo em conta que a concorrência desleal poderá ser meramente objetiva e que o art. 317º/2, ao remeter para o art. 338º-I, permite que o tribunal possa, a pedido do interessado, decretar as providências necessárias a inibir um iminente ato de concorrência desleal ou a proibi--lo, no caso de o mesmo se ter já consumado, poder-se-ia concluir que o art. 239º/1, *e*), seria, nessa medida, redundante, repetindo o que já resultava dos termos gerais, ou seja, a possibilidade de atuação preventiva contra uma concorrência desleal não intencional. Porém, como demonstraremos, a redundância é aparente.

Em primeiro lugar, existe uma relevante diferença prática entre os dois regimes. Com efeito, é verdade que, quer do regime do art. 239º/1, *e*), quer

---

[163] Poder-se-á afirmar que tal asserção gera, de certa forma, uma contradição com o próprio nome do instituto. De facto, a deslealdade por definição supõe consciência: ninguém é desleal sem saber! Porém, a ciência jurídica não pode, naturalmente, ficar refém desta consideração semântica, até porque foram os próprios cultores da referida ciência que a *importaram* para o *mundo* jurídico. É, pois, óbvio que, usando um exemplo de OLIVEIRA ASCENSÃO, *Concorrência desleal* cit., p. 191, «se alguém adquire um estabelecimento, que ostenta um letreiro com indicações falsas, sem que o adquirente tenha consciência disso, há uma *contrariedade objectiva* às práticas de leal concorrência, independentemente de qualquer "culpa" do agente» (itálico nosso). Talvez fosse preferível, no entanto, para os casos de desconformidade objetiva, a alusão simplesmente a, por exemplo, *concorrência desconforme*, retirando-se a expressão desleal, pois não é isso que está em causa.

[164] Cf, OLIVEIRA ASCENSÃO, *Concorrência desleal* cit., p. 192. Escreve o autor que «se esta categoria [de concorrência desleal objetiva] é independente da causação de prejuízos, isto já basta para nos levar a concluir que não é sua consequência a indemnização de danos. A mera desconformidade, em si, não tem nenhumas consequências em termos de responsabilidade civil. Porque se os danos são irrelevantes, não há título para o ressarcimento (...). Ainda que, em concreto, o acto seja causador de danos para outrem, ele não acarreta nenhum dever de indemnizar, porque faltam os restantes pressupostos da responsabilidade civil (...)» Cf., ainda, COUTO GONÇALVES, *Manual de Direito Industrial* cit., p. 363, que refere, após a aludir à supressão do dolo específico constante do CPI1995, que «o requisito da culpa apenas passa a relevar para efeitos de indemnização cível se houver prova do dano». SILVA CARVALHO, *Concorrência desleal (princípios fundamentais)*, Coimbra, 1984, p. 9, defendia, no entanto, com o que não concordamos, que poderia haver obrigação de reparar independentemente de culpa, com base no art. 187º/4 CPI1940.

do regime geral da concorrência desleal, resulta a possibilidade de o usuário se opor ao registo da marca. No entanto, enquanto de acordo com o art. 239º/1, *e)*, esse poder será exercido no âmbito de uma reclamação para o INPI, já de acordo com os termos gerais, o interessado terá de recorrer a tribunal e requerer uma providência cautelar de inibição do registo baseada em prática iminente de concorrência desleal (art. 338º-I/1, *ex vi* do art. 317º/2). Ora, há uma grande diferença, em termos práticos, entre, por um lado, exercer um poder mediante reclamação para o INPI no âmbito de um procedimento administrativo de registo e, por outro, exercer esse poder através do recurso a tribunal, por meio de um processo judicial.

Mas, a grande diferença do regime do art. 239º/1, *e)*, quando confrontado com o regime geral da propriedade industrial, não é a que acabámos de referir, mas antes outra de caráter mais substancial. Vejamos.

Os direitos de propriedade industrial servem essencialmente para garantir a lealdade da concorrência. Assim, uma vez atribuídos, seria paradoxal afirmar que o titular do direito estaria a ser desleal por o exercer, dentro do âmbito que a lei lhe atribui. Tal redundaria no esvaziamento do conteúdo do direito, na sua inutilização prática. Por isso, o que se verificava, por exemplo, com o CPI1995, que no art. 25º/1, *d)* previa como fundamento de recusa do registo «o reconhecimento de que o requerente pretend[ia] fazer concorrência desleal ou [de] que esta [seria] possível independentemente da sua intenção», mas que não consagrava a consequência da anulabilidade do registo (ao invés do que se faz no art. 266º/1 do atual CPI), seria que, uma vez registada a marca, o direito adquirir-se-ia e nada mais haveria a fazer por parte de um eventual usurário[165].

Porém, com a redação do art. 266º/1, *b)* – *absorvida* pelo atual nº 1, do art. 266º –, constante do texto original do CPI, veio estabelecer-se que o registo da marca seria anulável «quando se reconhe[cesse] que o titular do registo pretend[ia] fazer concorrência desleal, ou que esta [seria]

---

[165] Neste sentido, veja-se o ac STJ de 01-02-2000, CJ-STJ, 2000-1, p. 56 e ss., onde se negou a anulação do registo de uma marca, apesar de tal registo ter sido feito contra o disposto no então art. 25º/1, *d)*, que estabelecia norma semelhante à constante do atual art. 239º/1, *e)*. Escreveu-se no sumário do ac. que «não pode servir a invocação do abuso do direito do requerente do registo para suprir a inércia da utilizadora da marca livre na feitura do registo, e para lhe dar um direito que só tal registo poderia dar».

possível independentemente da sua intenção»[166]. Ora, se o poder de obstar à efetivação do registo resultava, como se disse, dos termos gerais, já a possibilidade de anular um registo já feito, só com grande esforço interpretativo se conseguiria[167], pelo que a principal especificidade do regime do art. 239º/1, e), articulado com o art. 266º/1 é a de que, mesmo depois de adquirido o direito de propriedade industrial, este possa soçobrar perante o instituto da concorrência leal. Permite, assim, o regime que o usuário consiga pela concorrência desleal aquilo que não acautelou por via do registo[168].

15.4. Apreciação crítica do regime

I – Importa agora fazer uma apreciação crítica do regime acima estudado. Como referimos supra[169], uma das desvantagens do sistema do registo reside precisamente no facto de poder gerar soluções injustiças. Se, *v.g.*, uma empresa usar uma marca há já vários anos, nunca tendo procedido ao registo, e uma outra empresa, com má fé, registar marca igual, a atribuição do direito a esta última não se afigura a solução mais justa. Em casos como este, a justiça ditaria que a marca fosse atribuída ao primeiro usuá-

---

[166] A referida al. b) seria suprimida pelo DL 143/2008, de 25 de Julho, sem que daí resultasse, no entanto, qualquer alteração, já que a estatuição da mesma resulta agora do nº 1, do art. 266º, que remete para o art. 239º/1, e).

[167] Talvez num caso de abuso do direito fosse admissível, apesar de o STJ o ter negado no supracitado ac.de 01-02-2000 (cf. nota 165).

[168] OLIVEIRA ASCENSÃO, *Concorrência desleal* cit., p. 436, à luz do regime anterior, onde apenas se previa a susceptibilidade de concorrência desleal objetiva como fundamento de recusa do registo, mas não como anulação da marca, escreveu, com grande interesse para este ponto, o seguinte: «se a lei condiciona a protecção da marca e outros sinais distintivos ao registo, que espaço resta para uma tutela de sinais distintivos não registados? Não será uma maneira de tornear a lei, visando obter a tutela pela concorrência desleal, sem a satisfação do ónus de proceder ao registo?». Refere, depois, o autor, respondendo à interrogação por si colocada: «se houvesse a generalização da tutela de todo o sinal distintivo por esta via, acabaria por se verificar a multiplicação de direitos exclusivos, ou mais precisamente, de seus sub-rogados, sem a verificação dos pressupostos a que a lei condicionou a outorga destes». Demonstra, ainda, o autor, *ibidem*, p. 438 claramente o seu ponto de vista, com o seguinte raciocínio, à luz do CPI1995: «nos termos do art. 171º, caduca ao fim de seis meses o direito de prioridade no registo, baseado no pré-uso da marca. (...) Suponhamos que o usuário deixa passar o prazo. Aproveitando o facto, um concorrente pede o registo em seu benefício. (...) Poderá ser-lhe recusado com fundamento em concorrência desleal? (...) Se bastasse isso, a regra que estabelece a liberdade seria letra morta, praticamente».

[169] Cf. § 6º.

rio. Dir-se-ia, assim, que o art. 239º/1, *e)* visa precisamente anular a acima referida desvantagem do sistema de registo[170], o que nos parece uma exceção, ainda assim, plausível ao sistema de registo.

Porém, o regime resultante da remissão do art. 266º/1 para o art. 239º/1, *e)*, vai bem mais longe na proteção do usuário. Na verdade, a norma não faz depender a proteção do usuário da marca, da má fé do requerente do registo. E por essa razão, julgamos que a norma constante da al. *e)*, do nº 1, do art. 239º, em conjugação com o art. 266º/1, vem, pura e simplesmente – conforme resultará mais claro infra –, *matar* o sistema de registo[171], *aparentemente*[172] consagrado pelo legislador, bem como todas as vantagens decorrentes do mesmo.

O sistema de registo, apesar da acima referida desvantagem, tem um fundamental atributo: a segurança jurídica. Ademais, a dita desvantagem, consistente na injustiça, para o criador de uma marca, de perder a mesma para alguém que se antecipe no registo, será facilmente obviada com a paulatina intensificação de uma cultura de responsabilização pelo pedido dos registos por parte dos interessados, como já referimos, pois nesse momento os casos – tão discutidos na disciplina de Direitos Reais – de desconformidade entre o registo e a realidade subjacente[173] tenderão a extinguir-se.

Ora, o regime em análise retira por completo a segurança que se quer obter com o sistema de registo, transformando o nosso sistema *pratica-*

---

[170] No mesmo sentido, refere COUTO GONÇALVES, *Manual de Direito Industrial* cit., p. 249, que por detrás da solução constante do art. 239º/1, *e)*, está a «preocupação de atenuar os efeitos jurídicos resultantes de um sistema de aquisição do direito de marca baseado no registo», não obstante, de seguida, criticar a solução.

[171] No mesmo sentido, refere COUTO GONÇALVES, *Manual de Direito Industrial* cit., p. 370, nota 933, que a «possibilidade de o usuário poder passar a invalidar o registo de uma marca com fundamento em concorrência desleal objectiva e sem ter de fazer prova de ter havido manifesta má fé do titular da marca registada, aumenta substancialmente o conteúdo de protecção da marca de facto e não deixa de ferir parcialmente *de morte* a lógica de um sistema de aquisição do direito de marca baseado no registo, de acordo com o princípio legal enunciado no art. 224º/1».

[172] Referimos «aparentemente», por não se referir em norma alguma *claramente* que o direito sobre a marca se adquire com o uso, exceção feita ao art. 224º/2, que apenas confere a possibilidade de aquisição do direito de exclusivo sobre as «marcas que usa desde que satisfaça as disposições legais» unicamente ao Estado.

[173] Sobre este aspeto, veja-se, entre outras obras do autor sobre o tema, OLIVEIRA ASCENSÃO, *A desconformidade do registo predial com a realidade e o efeito atributivo*, sep. do *Centenário do nascimento do Professor Doutor Paulo Cunha*, Coimbra, 2012, p. 609 e ss.

mente num sistema misto (ou, talvez melhor, sistema quase-misto, como referimos já)[174] *disfarçado* de sistema de registo *lato sensu*, pois, na verdade, o primeiro usuário da marca acabará por receber, por via do instituto da concorrência desleal, uma proteção quase equiparada[175], como vimos, à do titular da marca registada.

II – São, assim, duas as críticas que fazemos ao sistema resultante do art. 239º/1, *e*).

Em primeiro lugar, visando o referido sistema, à partida, anular uma eventual desvantagem do sistema de registo *lato sensu*, acaba por desvirtuá-lo, gerando um regime, na prática, próximo dos sistemas mistos, os quais, na nossa opinião, não configuram a solução desejável.

Na verdade, consideramos que, apesar das desvantagens do sistema *registration-based lato sensu*, consistentes essencialmente na possibilidade de se gerarem injustiças decorrentes do facto de o registo consagrar como proprietário outrem, que não o primeiro usuário, o mesmo constitui o sistema desejável. E pensamos assim pelo seguinte. Enquanto as desvantagens decorrentes do sistema de registo podem ser obviadas através da promoção da diligência das empresas no sentido de requererem o registo das suas marcas – sendo que atualmente nem a globalização do comércio serve de *desculpa*, visto que existem mecanismos legais e administrativos à disposição dos sujeitos para procederem ao registo com eficácia para além das fronteiras do Estado de origem –, já as desvantagens decorrentes do sistema de uso *lato sensu* – ou sistema misto –, não podem ser contornadas: não há forma de evitar que um sujeito, que tenha registado a sua marca de boa fé, seja, passados alguns anos de a usar, confrontado com um pedido de anulação do seu registo por parte de um usuário de uma marca livre anterior. Se é verdade que é justo que o primeiro usuário seja o titular da marca, não é menos verdade que é social e economicamente perturbador para as empresas o exercício da sua atividade num ambiente de constante

---

[174] Citem-se a este propósito as palavras de Couto Gonçalves, *Manual de Direito Industrial* cit., p. 249, por expressivas: «[pela] "janela" [do art. 239º/1, *e*)] acaba por cair (com fracturas graves) o sistema de aquisição do direito baseado no registo que havia entrado pela "porta" aberta pelo disposto no art. 224º. Tudo agravado pela circunstância de o interessado na invalidade não ter de provar nenhum requisito subjectivo de que o titular da marca tem intenção de fazer concorrência desleal (...)».

[175] Veja-se o que se escreveu acima no ponto 15.2..

insegurança a este nível, onde o registo de uma marca não garante ao sujeito de boa fé que o mesmo não possa vir a ser anulado.

E para evitar a injustiça de o primeiro usuário da marca ser preterido face a um posterior usuário que registe primeiro, já a lei confere uma prioridade num prazo bastante razoável de 6 meses, após o uso.

Assim, repetimos, a partir do momento em que for interiorizado pela comunidade que o direito sobre a marca só existe depois de registado, então as desvantagens do sistema desaparecerão e obter-se-á um sistema seguro e mais próximo da perfeição. As concessões ao uso deverão, portanto, a nosso ver, restringir-se ao exclusivamente necessário para salvaguardar as dificuldades causadas pela globalização da economia, de um lado, e o respeito pelo princípio da boa fé, de outro. Não mais.

Em segundo lugar, e este acaba por ser o problema mais grave, o regime constante dos art.ᵒˢ 239º/1, *e*), e 266º/1 constitui a base de um sistema *dissimulado*. Com efeito, o regime português de aquisição do direito sobre a marca induz em erro, porquanto preconiza-se um sistema de registo *lato sensu* no art. 224º, ao se prever o registo como modo de aquisição do direito sem se conferir alternativamente a mesma eficácia ao uso – sem prejuízo do nº 2, que consagra o uso como modo de aquisição do direito sobre a marca exclusivamente por parte do Estado, e desde que este satisfaça as disposições legais –, mas, de modo mais ou menos oculto, acaba por se consagrar um sistema praticamente semelhante a um sistema misto.

Assim, *pior do que estabelecer um regime, a nosso ver, não desejável* (primeira crítica), *consiste em fazê-lo de modo dissimulado* (segunda crítica).

15.5. Proposta de regime

I – Depois de estudado o regime constante do art. 239º/1, *e*), bem como os problemas subjacentes ao e resultantes do mesmo e feita a sua crítica, impõe-se, agora, propor um regime que responda às críticas tecidas.

Como referimos, não concordamos com o sistema que resulta da norma mencionada. Antes defendemos que deverá ser paulatinamente reforçado o sistema de base registal, por questões de segurança jurídica. Proporemos, assim, um regime que minimize as "fugas" do sistema de registo e que, aquelas que estabeleça, o faça essencialmente em nome do princípio da boa fé.

II – Na base do regime alternativo que propomos está, em parte, a teoria geral do Direito dos Registos. O registo serve para dar publicidade às situações jurídicas, de molde a conferir segurança, especialmente, no comércio jurídico. É um modo de os sujeitos poderem saber, com segurança, as situações jurídicas presentes na esfera uns dos outros, de molde a efetuarem as suas relações com a referida segurança[176].

Existindo um sistema de registo, o mesmo deve ser respeitado, sob pena de o seu desígnio de segurança ser adulterado, esvaziando-se, por completo, a sua função. É, aliás, precisamente para garantir esse respeito que, no art. 5º/1 do Código do Registo Predial (CRPr), se refere, perentoriamente, que «os factos sujeitos a registo só produzem efeitos contra terceiros depois da data do respectivo registo». É por essa razão que se, por exemplo, *A* vende um prédio a *B* e de seguida vende o mesmo prédio a *C*, que, estando de boa fé, regista, este último acaba por adquirir o direito de propriedade, não obstante nos termos do art. 892º CC a compra e venda ser nula e, por isso, em termos exclusivamente substantivos, *C* não devesse ser proprietário. Este regime existe, repise-se, porque, a não ser assim, o registo predial deixava de exercer a sua função: ninguém poderia confiar no registo e a frase constante do art. 1º CRPr segundo a qual o «registo predial [se destina] essencialmente a dar publicidade à situação jurídica dos prédios, tendo em vista a segurança do comércio jurídico imobiliário», constituiria letra morta.

Porém, se, no exemplo dado, o terceiro, no caso *C*, porventura soubesse que *A* havia vendido a *B*, então deixa imediatamente de estar em causa, no caso concreto, a segurança do comércio jurídico imobiliário: o terceiro, não obstante o registo conter uma «publicidade» errada, sabe quem é o verdadeiro proprietário, pelo que a função de publicidade não se verifica quanto a ele. Assim, nesse caso, estando o terceiro de má fé, não deverá ser protegido[177], porquanto já não está a ser colocada em causa a função do registo.

Parece-nos, pois, que poderemos encontrar, em parte, no raciocínio subjacente ao Direito dos Registos, a base da solução desejável para o caso. Iremos, por isso, transpô-lo, *mutatis mutandis*, para o registo da marca. De facto, também no Direito das Marcas o registo serve para dar uma garantia

---

[176] Caso contrário, por exemplo, *A* que negoceia com *B* a compra do imóvel x não poderia ter a mínima segurança de este ser o proprietário (registo predial); assim como *C*, que negoceia com a sociedade *D*, por intermédio do representante desta, *E*, não teria, também, a mínima segurança de que este deteria efetivamente poderes para representar a referida sociedade (registo comercial).

[177] Sobre a boa fé como requisito da aquisição pelo registo, veja-se OLIVEIRA ASCENSÃO, *Direito Civil – Reais*, 5ª ed., Coimbra, 2000, p. 376 e ss.

razoável às empresas de que, no momento em que registam uma marca, não existe outra empresa titular de marca semelhante e que, assim, o requerente passará a ser detentor do exclusivo sobre a marca. No entanto, se a empresa requerente do registo sabe que outra usa marca igual, ainda que não registada, isto é, está de má fé, então deixa de se verificar a razão subjacente à segurança jurídica conferida pelo registo da marca, pois, neste caso, a segurança não está a ser posta em causa já que o sujeito sabia da existência de marca igual, ainda que não registada.

Este é, portanto, o ponto de partida da solução que propomos.

No entanto, não poderemos ficar por aqui, pois entendemos que deverá haver situações em que, apesar da boa fé do requerente do registo, o usuário da marca não deverá ser prejudicado. Ou, dito de outro modo, entendemos que não é apenas nos casos de má fé do requerente do registo no momento do requerimento que se deve proteger o usuário da marca livre. Com efeito, como dissemos, a transposição da lógica do Direito dos Registos deverá ser feita *mutatis mutandis*.

Assim, se o *requerente estiver de boa fé*, o regime que propomos é o seguinte.

A solução será diferente consoante se esteja em sede de oposição ao registo (fase anterior ao registo) ou em sede de pedido de anulação de um registo já efetuado (fase posterior ao registo).

Na *fase anterior ao registo*, podem ainda verificar-se duas hipóteses diferentes:

i) O requerente começou a usar a marca antes de requerer o registo;
ii) O requerente ainda não usou a marca e pretende registá-la com intenção de a usar posteriormente.

Comecemos pela fase anterior ao registo. *No primeiro caso*, entendemos que não poderá haver, naturalmente, oposição do usuário da marca livre ao registo. Isto porque, para além da boa fé[178] do requerente, o mesmo usou já a marca, tendo, com isso, criado um valor. O facto de o não requerente

---

[178] O momento relevante para aferição da boa fé não será necessariamente o do requerimento de registo. Imagine-se que o requerente iniciou o uso da marca, de boa fé, há 5 anos, e só, 1 mês antes de requerer o registo descobriu a existência de marca confundível, cujo uso é mais antigo que o seu. Ora, nesses casos, não fará sentido falar em má fé, pois muito antes do conhecimento, por parte do requerente, da existência de outra marca, já o mesmo tinha criado o valor comercial da sua. Assim, o momento relevante para aferir do estado psicológico do sujeito teria de ser visto caso a caso, com prudência.

ter usado primeiro não pode servir para se opor ao registo da marca, pois isso desvirtuaria o sistema de registo que defendemos. Sublinhe-se que a solução é esta porque o requerente estaria de *boa fé*.

No segundo caso, e porque o requerente não irá sofrer prejuízo relevante, defendemos que, não obstante a sua boa fé no momento do registo, deverá prevalecer a posição do usuário, desde que, naturalmente, do registo da marca resultasse uma situação de concorrência desleal objetiva. Com efeito, é importante sublinhar que, no regime alternativo que propomos, tentamos corrigir os defeitos do art. 239º/1, *e*): jamais iríamos, portanto, além do regime consagrado pelo mesmo na proteção do usuário. Assim, não propomos a atribuição de quaisquer direitos exclusivos ao usuário da marca livre ordinária, podendo, neste segundo caso, o usuário opor-se ao registo de terceiro nos exatos termos em que o poderia fazer de acordo com o art. 239º/1, *e*).

Se o *registo tiver já sido efetuado* (fase posterior ao registo), então nada poderá o usuário fazer se o requerente tiver pedido o registo de boa fé. De facto, a única situação em que propomos a proteção do usuário, não obstante a boa fé do requerente, é quando se está ainda na fase do processo de registo e a marca registanda ainda não tem uso. Fora isso, parece-nos que será levar longe de mais a proteção da marca livre ordinária em detrimento do sistema de registo.

Se o *requerente estiver de má fé*[179], então o usuário poderá, a todo o tempo[180], requerer a anulação do registo, pedindo simultaneamente o registo da sua marca.

III – A solução que propusemos visa, como escrevemos, corrigir os defeitos apontados ao sistema resultante do art. 239º/1, *e*)[181].

---

[179] Recorde-se que a má fé deve ser aferida num sentido ético e não meramente psicológico. Como refere MENEZES CORDEIRO, *Da boa fé no Direito Civil*, Coimbra, 2001, «quando o Direito penalize a má fé, há uma efectiva tensão no sentido da concepção ética.», ou seja só não é penalizada a ignorância desculpável. Sobre a importância da boa fé no sistema de registo, veja-se o ac. TRP 13-09-2011, proc. nº 424/05.7TYVNG.P1, em cuja sumário pode ler-se que «o propósito de invalidar o registo de uma marca efectuado de má fé não é o de prejudicar o sistema de aquisição do direito baseado no registo mas o de garantir que a actuação do registante seja pautada pelas regras da boa fé».

[180] Recorde-se que, nos casos de má fé, os art.ºˢ 266º/4 e 267º/1, na parte final de ambos, estabelecem a imprescritibilidade e a não preclusão do direito de pedir a anulação do registo.

[181] COUTO GONÇALVES, *Manual de Direito Industrial* cit., pp. 249 e 250, em sentido próximo da nossa posição, defende que a norma constante da al. *e*), do nº 1, do art. 239º, deveria apenas

Com efeito, somos da opinião de que o legislador foi longe demais com o art. 239º/1, *e)*. A prevalência do instituto da concorrência desleal de cariz objetivo perante a lógica dos direitos de propriedade industrial apenas se compreende numa ótica preventiva, e perante um requerente não usuário da marca, porquanto, nesse caso, conseguir-se-á cessar *à nascença* uma hipotética concorrência desleal, sem se causar *estrago* significativo no sistema de registo, já que o requerente estava ainda em fase de processo de registo, não tendo sequer usado a marca ao ponto de criar um valor associado à mesma. Mas, chegar ao ponto de estabelecer que uma marca registada possa ser anulada por uma desconformidade objetiva com as práticas de concorrência leal consistirá na aniquilação do sistema de registo, tornando o sistema português num sistema dissimulado, onde existe uma contradição entre o que se *preconiza* numas normas e o que se *estabelece* noutras.

Parece-nos, pois, que o regime proposto seria uma solução possível, conciliando-se o sistema de registo com a *salutar* reprovação de condutas intencional ou conscientemente atentatórias da lealdade da concorrência.

IV – Por fim, cabe referir que a solução proposta, na parte em que prevê a possibilidade de anulação do registo da marca requerido de má fé, é adotada em alguns sistemas estrangeiros e internacionais.

Na Alemanha, prevê-se no § 8º[182](2)/10 MG, que deverão ser excluídas de registo as marcas pedidas de má fé, referindo-se depois no § 50º/I MG que o registo de uma marca deverá ser cancelado a pedido, nos casos de invalidade prevista no § 8º (2)/10.

---

aplicar-se no caso de má fé. A divergência da posição do autor face à nossa reside, pois, no facto de entendermos, conforme demonstrámos, que em certos casos de boa fé, a norma se deverá aplicar também. A posição do autor resulta clara das suas seguintes palavras: «[a solução mais adequada e coerente] seria a de permitir a invalidade do registo de uma marca que tivesse sido efetuado de má fé, em circunstâncias particularmente graves e reveladoras de uma actuação consciente e intencional do titular da marca em prejudicar terceiros ou obstaculizar a concorrência». O autor defende que a má fé em causa deveria ser concretizada nos termos previstos no ac. TJ de 11 de junho de 2009, proc. C-529/07 (cf. nota 185). Ainda que fora da problemática do atual CPI, poder-se-ia retirar das palavras de OLIVEIRA ASCENSÃO, *Direito Comercial*, II cit., p. 177 uma posição semelhante. Escreveu o autor que «pode impugnar-se o registo realizado com fundamento na má fé de quem realiza o registo, com conhecimento do uso preexistente. Poderá para isso invocar-se a *exceptio doli*, ou o abuso do direito. Mas se quem registou, o fez de boa fé então adquire pelo registo» (*ibidem*, p. 178).

[182] Sob a epígrafe «obstáculos absolutos à proteção».

Em Espanha, prevê-se no art. 51º[183]/1, *b)* LMes, que o registo da marca poderá declara-se nulo mediante decisão judicial e ser objeto de cancelamento quando ao apresentar o pedido de marca o requerente tiver agido de má fé.

No Reino Unido, estabelece o § 3º/6 UKTA que uma marca não deverá ser registada na medida em que o pedido tiver sido feito de má fé[184].

No âmbito do Direito da União Europeia, estabelece o art. 52º/1, *b)*, RMC, que a marca comunitária será considerada nula se o titular da mesma tiver agido de má fé[185] no ato de depósito do pedido da marca. Já na DM, estabelece-se no art. 3º/2, *d)*, que os Estados-Membros poderão prever que seja recusado o registo de uma marca ou que o registo, depois de efetuado, fique sujeito a declaração de nulidade no caso de o requerente ter apresentado de má fé o pedido de registo da marca.

Nos sistemas, como é o caso da Alemanha ou do Reino Unido, em que o uso tem uma relevância importante, este tipo de norma que proíbe o registo no caso de má fé acaba por não ter tanta relevância para o efeito da proteção da marca de facto, pois esta já é protegida por outras vias, funcionando antes como uma *válvula de escape* do sistema, como uma concretização geral do princípio da boa fé.

Mas, em sistemas como o espanhol e o da União Europeia, a norma que comina com o desvalor da nulidade o registo feito de má fé, acaba por proteger fortemente, por essa via, os usuários das marcas livres, pois se se provar que o requerente do registo sabia, ou devia saber, da existência da marca de facto, então esta prevalecerá pelo facto de o usuário poder opor-se ao registo da marca ou, caso este tenha já sido efetuado, pedir a declaração de nulidade do mesmo.

---

[183] Norma de cuja epígrafe consta «causas de nulidade absoluta».

[184] Apreciando comparativamente o sistema espanhol, alemão e do Reino Unido no que diz respeito à proibição do registo de marcas com má fé, veja-se FRAMIÑAN SANTAS, *La nulidad de la marca solicitada de mala fe*, Granada, 2007.

[185] Veja-se, preenchendo o conceito de má fé constante do art. 52º/1, *b)*, o acima mencionado (nota 181) ac. do TJ, de 11 de junho de 2009, proc. C-529/07. De acordo com este aresto, para aplicação da norma não bastaria apenas a má fé no sentido de se saber ou dever saber da existência de outra marca. Com efeito, estabeleceu o TJ que para existir má fé dever-se-ia ter em conta: (i) a má fé propriamente dita, ou seja, o facto de o requerente saber ou dever saber que um terceiro utilizava, pelo menos num Estado-Membro, um sinal idêntico ou semelhante suscetível de gerar confusão com o sinal cujo registo se pedia; (ii) a intenção do requerente de impedir esse terceiro de continuar a utilizar tal sinal; (iii) o grau de proteção jurídica conferido ao sinal do terceiro e ao sinal cujo registo se pedia.

§ 10º DIREITO SOBRE A MARCA LIVRE *VS* DIREITO SOBRE A MARCA REGISTADO

I – Da análise do regime jurídico de aquisição do Direito sobre a marca no sistema português – bem como nos sistemas estrangeiros e internacionais –, resultou claramente que existem dois modos possíveis de aquisição do direito sobre a marca: o uso e o registo.

Porém, da análise dos referidos regimes retira-se outra conclusão essencial: é que o direito adquirido não tem normalmente a mesma *densidade*, consoante seja adquirido pelo uso ou pelo registo. Quer dizer: independentemente de o regime em causa dar mais ou menos prevalência ao uso ou ao registo, a verdade é que a determinação das posições ativas adquiridas pelos sujeitos sobre a marca é quase sempre influenciada pela existência ou não do registo. Com efeito, mesmo os sistemas que estabelecem aberta e claramente a possibilidade de aquisição do direito sobre a marca com o uso, preveem um reforço da posição ativa do titular sempre que exista o registo.

Exemplifiquemos com o caso português o que acabamos de dizer.

II – Se um sujeito tiver um *direito sobre uma marca registado*, ele beneficia de uma proteção integral por parte da lei, o que não ocorre nos casos em que o direito resulta do mero uso.

Assim, para além de o conteúdo do direito consistente essencialmente em *proibir terceiros* de fazer uso, no exercício de atividades económicas, de marca igual ou semelhante para produtos ou serviços idênticos ou afins se tal causar um risco de confusão ou de associação no espírito do consumidor (art. 258º), o titular da marca registada é protegido através da *criminalização de condutas* lesivas dessa marca. Trata-se de um aspeto de regime que dissuade a violação do direito, beneficiando apenas as marcas registadas.

Ora, ainda que resulte, como demonstrámos, a existência de um verdadeiro direito exclusivo sobre a marca livre, a verdade é que o seu titular não beneficia da proteção criminal (art. 323º). Ademais, mesmo tendo o usuário da marca direito sobre a mesma, nos termos acima referidos, precisará de o registar para fazer valer a sua posição, como decorre dos art.[os] 241º/2, 242º/2 e 266º/2.

Podemos, assim, concluir que, embora seja correto falar, em certos casos, em direito sobre a marca livre, pois existe sem dúvida a exclusividade que carateriza os direitos de propriedade industrial, a verdade é que tal direito carece de registo para que a sua proteção seja plena.

Não nos parece, assim, correto negar-se a existência de um direito sobre a marca livre com o argumento de a posição não poder ser exercida enquanto não for efetuado o registo, funcionado este como uma condição suspensiva. Na verdade, se se regista, é porque existe algo para registar: o direito.

CONCLUSÕES

I – Com o presente estudo propusemo-nos analisar o modo por que se adquire originariamente o direito sobre uma marca. Por outras palavras: propusemo-nos indagar de que factos jurídicos decorre o efeito aquisição do direito sobre a marca, mais concretamente se decorre do facto "uso", do facto "registo" ou de ambos e em que termos.

O objetivo principal consistiu em proceder a tal determinação à luz do sistema português. No entanto, para este efeito, entendemos profícua uma primeira abordagem do problema à luz de ordenamentos jurídicos estrangeiros e internacionais, de molde a criar primeiro uma, digamos assim, dogmática geral do problema, que nos permitisse uma mais rica análise do sistema português.

II – Da mencionada abordagem geral, levada a cabo no primeiro capítulo do nosso estudo, a conclusão principal a retirar é a de que, em abstrato, se pode conceber quatro tipos de sistemas de aquisição do direito sobre a marca. (i) O sistema de uso *stricto sensu* (ou puro), (ii) o sistema de uso *lato sensu* (ou sistema misto), (iii) o sistema de registo *strcto sensu* (ou puro) e (iv) o sistema de registo *lato sensu* (ou, simplesmente, sistema de registo).

De acordo com o *sistema de uso stricto sensu* (ou puro), o uso surge como *conditio sine qua non* de aquisição do direito. Significa isto que o registo não é sequer meio de aquisição do direito sobre a marca, mas simplesmente um modo de o *reforçar*. Destarte, uma empresa não poderá registar uma marca que não tenha usado previamente. Foi este o sistema adotado nos Estados Unidos até à alteração do USTA em 1988, por via da Lei nº 100-677, de 16 de Janeiro de 1988, a qual passou a permitir o registo com base na mera intenção de uso (*"intent to Use"*). De acordo com os regimes analisados, atualmente nenhum adota o sistema puro de uso.

O sistema de uso *lato sensu* (ou sistema misto) consiste num sistema que diverge do anterior apenas num aspeto. O uso prévio não é *condito sine qua non* da aquisição do direito sobre a marca. Assim, poder-se-á adquirir o direito sobre uma marca alternativamente pelo registo, ainda que a mesma não tenha sido usada. Porém, como é óbvio, se a marca cujo registo se requer for já usada por outrem, o registo não atribuirá qualquer direito, pois este encontrar-se-ia já na esfera do usuário. Este sistema é, dos regimes analisados, adotado pelos Estados Unidos, pela Alemanha e pela Dinamarca.

O sistema de registo *strcto sensu* (ou puro) consistiria num sistema em que o registo seria o único modo de aquisição do direito sobre marca. Não seria dada qualquer relevância ao uso e o primeiro requerente do registo seria *sempre* o titular do direito sobre a marca. Este sistema – abstratamente concebível – não é adotado por nenhum dos regimes que estudámos.

Por fim, o sistema de registo *lato sensu* (ou, simplesmente, sistema de registo) é o sistema de acordo com o qual, apesar de o registo constituir o modo *oficialmente* concebido de aquisição do direito sobre a marca, não se concedendo como alternativa, em igualdade de circunstâncias, a aquisição desse direito pelo mero uso, são abertas exceções, em nome da lealdade na concorrência, da globalização da economia e, em geral, do princípio da boa fé, à possibilidade de aquisição do direito sobre a marca com o mero uso. Este é o sistema adotado pela grande maioria dos regimes estudados.

Impõe-se recordar, enfatizando-a, a distinção entre o sistema de registo *lato sensu* e o sistema de uso *lato sensu* (ou sistema misto), necessário à compreensão de um dos aspectos essenciais deste estudo, qual seja o do enquadramento do regime português no denominado *sistema quase-misto*. Ora, a pedra de toque do sistema de registo *lato sensu* consiste em não prever o mesmo o uso como um modo, alternativo ao registo, de aquisição do direito sobre a marca: a aquisição do direito sobre a marca com o mero uso surge, pois, como uma exceção que é aberta apenas em nome dos acima mencionados fundamentos. Já no sistema de uso *lato sensu* (ou sistema misto), o uso e o registo aparecem em igualdade de circunstâncias, como dois modos alternativos – no sentido de igualmente idóneos para – de aquisição do direito sobre a marca.

Ainda no primeiro capítulo, pudemos concluir que os vários regimes adotam um dos dois sistemas intermédios, nomeadamente o sistema misto ou o sistema de registo *lato sensu*. O sistema de uso é hoje um sistema arcaico e o sistema de registo *stricto sensu* constitui apenas uma abstração de um sistema possível, mas ainda não praticado, segundo demos conta. Pudemos também concluir que existe um movimento generalizado de deslocação dos vários regimes para o sistema de registo.

III – A concluir o primeiro capítulo, expusemos aquelas que constituem as valorações subjacentes aos dois sistemas intermédios. Referimos, então, que com o registo se procura a segurança jurídica, essencial para a estabilidade da atividade empresarial, desejável para o desenvolvimento da economia. Por usa vez, com a relevância concedida ao uso, visa garantir-se a lealdade na concorrência e obviar à injustiça de conferir um direito sobre uma marca a outrem, que não o seu primeiro usuário.

Referimos, também, as desvantagens dos dois sistemas. O inconveniente resultante da relevância concedida ao uso seria precisamente a insegurança no que diz respeito à titularidade do direito sobre a marca, pois uma empresa poderia, a qualquer momento, ser confrontada com a revindicação da marca por terceiro que a usasse previamente. Quanto ao sistema de registo, a desvantagem seria a relativa "cegueira" perante a realidade subjacente, preterindo aquele que primeiro usou perante aquele que primeiro registou.

Concluímos, também, que, enquanto a desvantagem do sistema de uso não poderia ser contornada, já aquela que resulta do sistema de registo poderá ser facilmente obviada através de uma cultura de responsabilização das empresas pela efetuação dos registos das marcas que usam. Destarte, resultou do exposto que encontramos nos sistemas de base registal a opção preferível a tomar pelo legislador, devendo, paralelamente, reforçar-se as medidas de efetuação dos registos.

IV – À luz dos dados colhidos com o primeiro capítulo, passámos então ao estudo do sistema português.

Fizemos inicialmente a demonstração da aparente subsunção do nosso regime ao sistema de registo, por não se estabelecer no CPI que o uso seria, tal como se faz para o registo, um meio igualmente idóneo de aquisição do direito sobre a marca.

Passámos, depois, à identificação dos casos em que o direito sobre a marca resultava do uso, tendo encontrado três que, no entanto, porque consagravam situações excecionais, não colocavam o sistema de registo em causa. Duas delas consistiam em exceções motivadas pela necessidade de respeito pelas convenções internacionais de que Portugal é parte, nomeadamente da CUP, e do instituto da leal concorrência: referimo-nos às marcas notórias e de prestígio. Outra, o direito sobre a marca livre durante os primeiros 6 meses, trata-se de uma exceção perfeitamente aceitável ao sistema de registo, já que o prazo é tão curto que não o chega a pôr em causa.

Dedicámo-nos, por fim, àquele que constitui o ponto mais *sensível* do presente estudo: a análise do art. 239º/1, *e)* CPI. Concluímos, então, que, por causa da referida norma gerar a quase confluência entre o instituto da concorrência desleal e o direito sobre a marca, o aparente sistema de registo português redundaria, afinal, num *sistema quase-misto*.

Na verdade, se é certo que o usuário da marca livre ordinária, com base no art. 239º/1, *e)*, apenas se poderá opor ao registo de marca conflituante ou pedir a anulação desta se se verificar a suscetibilidade de concorrência desleal, a verdade é que, na prática, tal poder quase esgota aquele que resultaria do direito de exclusivo. Por outras palavras: é praticamente difícil de conceber situações em que, tendo o usuário registado a marca, teria poderes que não tem através do instituto da concorrência desleal. Por outras palavras ainda: será praticamente difícil vislumbrar uma violação do direito sobre a marca que não configurasse também uma situação de concorrência desleal. Ora, é por estas razões que afirmamos que existe uma quase-confluência entre os institutos: da concorrência desleal decorre um quase-direito sobre a marca.

Criticámos este regime essencialmente por duas ordens de razões.

Em primeiro lugar, e porque o regime português está mais próximo do sistema misto do que do sistema de registo, julgamos ser um mau regime, como havíamos demonstrámos acima: os vícios do sistema de registo são sanáveis, pela diligência na efetuação do registo; os vícios do sistema de uso são crónicos.

Em segundo lugar, e este o problema mais grave, o sistema português é um sistema dissimulado, na medida em que se apresenta como um sistema de registo, sendo, na verdade, um sistema quase-misto.

Assim, pior do que os defeitos do regime consagrado é a dissimulação – «independentemente da (...) intenção» do legislador – desses defeitos.

Propusemos, por fim, um regime alternativo ao do art. 239º/1, *e)*, através do qual articulámos a norma do referido art. com o princípio da boa fé.

Assim, concluímos que, em regra, só com má fé do requerente do registo deveria o usuário ser protegido, à exceção dos casos em que o requerente não tivesse ainda dado uso à marca antes do requerimento de registo, caso em que, não obstante a sua boa fé, o interesse do usuário deveria prevalecer. Trata-se a nosso ver da solução mais equitativa.

Por fim, tivemos oportunidade de concluir que, apesar de o sistema português consagrar dois modos de aquisição do direito sobre a marca – não decorrendo do art. 239º/1, *e)* qualquer direito, repise-se –, o uso e o registo, constituindo este a regra e aquele a exceção, a verdade é que o registo *reforça* – nomeadamente em termos de proteção criminal – a situação jurídica do titular do direito, pelo que o *direito registado é sempre um direito mais forte do que o direito resultante do uso*.

ÍNDICE DE JURISPRUDÊNCIA

Tribunal de Justiça da União Europeia
TJ 11-06– 2009, Proc. nº C-529/07, disponível em curia.europa.eu
TJ (Grande Secção) 14-10-2010, Proc. nº C-48/09, disponível em curia.europa.eu

Supremo Tribunal de Justiça
STJ 13-11-1973, BMJ 231, p. 181 e ss..
STJ 22-07-1986, BMJ nº 359, p. 751 e ss..
STJ 11-11-1997, CJ-STJ, 1997-3, p. 127 e ss..
STJ 18-05-1999 (nº 3/99), DR, I-A, de 10 de julho de 1999
STJ 01-02-2000, CJ-STJ, 2000-1, p. 56 e ss..
STJ 30-10-2003, Proc. nº 03B2331, disponível em www.dgsi.pt.
STJ 26-11-2009, Proc. nº 08B3671, disponível em www.dgsi.pt.
STJ 11-01-2011, Proc. nº 627/06.7TBAMT.P1, disponível em www.dgsi.pt.
STJ 03-05-2011, Proc. nº 706/07.3TYLSB.L1-1, disponível em www.dgsi.pt.

Tribunal da Relação de Lisboa
TRL 11-10-1974, BMJ 240, p. 267 e ss..
TRL 03.07.90, C.J. 1990, IV, p. 119 e ss..
TRL 28-10-2003, Proc. nº 0071202, disponível em www.dgsi.pt
TRL 20-05-2010, Proc. nº 526/2002.L1-6, disponível em www.dgsi.pt

Tribunal da Relação do Porto
TRP 21-01-1993, CJ, I, 1993, p. 209 e ss..
TRP 09-02-2006, Proc. nº 0536911, disponível em www.dgsi.pt.
TRP 13-09-2011, Proc. nº 424/05.7TYVNG.P1, disponível em www.dgsi.pt.

ÍNDICE BIBLIOGRÁFICO

AA/VV, *Dicionário da língua portuguesa*, 8ª ed., Porto Editora, Porto, 2000.
ABREU, COUTINHO DE – *Curso de Direito Comercial, vol. I – Introdução, actos de comércio, comerciantes, empresas, sinais distintivos*, 8ª ed. Coimbra, 2012.
ALBUQUERQUE, MARTIM DE – *Vide* ALBUQUERQUE, RUY DE.
ALBUQUERQUE, RUY DE/ALBUQUERQUE, MARTIM DE – *História do Direito português*, I vol., 10ª ed., Lisboa, 1999.
ALMEIDA, ALBERTO RIBEIRO DE – *Marca de prestígio, marca notória e acordo ADPIC/TRIPS*, em JOSÉ DE OLIVEIRA ASCENSÃO (coord.), *Direito Industrial*, vol. VI, Coimbra. 2009.
ALMEIDA, ANTÓNIO PEREIRA DE – *Direito Comercial, I – Actos de Comércio e Comerciantes*, Lisboa, 1977.
AMORIM, ANA AZEVEDO DE – *Parasitismo económico e direito*, Coimbra, 2009.
ASCENSÃO, JOSÉ DE OLIVEIRA – *Direito Comercial, vol. II – Direito Industrial*, Lisboa, 1988.
– *Direito Civil – Reais*, 5ª ed., Coimbra, 2000.
– *A marca comunitária*, em O Direito, Lisboa, 2001, pp. 511-546.
– *A marca comunitária*, em AA/VV *Direito Industrial*, vol. II, Coimbra. 2002.
– A marca comunitária e a marca nacional – Parte II – Portugal, em AA/VV, *Direito Industrial*, vol. II, Coimbra. 2002.
– *A desconformidade do registo predial com a realidade e o efeito atributivo*, sep. do Centenário do nascimento do Professor Doutor Paulo Cunha, Coimbra, 2012, p. 609 e ss..
BAYLOS CORROZA, HERMENEGILDO – *Tratado de derecho industrial*, 2ª ed., Madrid, 1993.
BENUCCI, EDUARDO BONASI – *Tutela del marchio non registrato*, RDI, 1957, I, p. 165 e ss..
BRAUN, ANTOINE/ CORNU, EMMANUEL – *Précis des Marques*, 5ª ed., Bruxelles, 2009.

Bunnen, Van – *Aspects actuels du droit des marques dans le Marché commun*, Bruxelas, 1967.
Carvalho, Américo da Silva – *Concorrência desleal (princípios fundamentais)*, Coimbra, 1984.
– *A marca comunitária*, Coimbra, 1999.
– *Direito de Marcas*, Coimbra, 2004.
Cionti, Ferdinando – *La funzione propria del marchio*, Milano, 2004.
– *La natura giuridica del marchio*, Milano, 2008.
Coelho, Pinto – *O problema da protecção da marca quando usada por terceiro para produtos não idênticos nem similares*, sep. BFDC, v. 30, Coimbra, 1954.
– *A proteção da marca notoriamente conhecida no Congresso de Viena da C.C.I.*, sep. do BFDC, v. 29, Coimbra 1955.
– *Lições de Direito Comercial*, Lisboa, 1957.
– *A protecção da marca notoriamente conhecida*, RLJ-84.
– *A protecção da marca notória e da marca de reputação excepcional*, RLJ, 92º, nº 3142 a 3155, 3160, 3161 e 3166.
Cordeiro, António Menezes – *Tratado de Direito Civil I*, 4ª ed., Coimbra, 2012.
Da boa fé no Direito Civil, Coimbra, 2001.
Cornish, William/ Llewelyn, David – *Intellectual property: patents, copyright, trademarks and allied rights*, 5ª ed., Londres, 2003.
Cornu, Emmanuel – Vide Braun, Antoine.
Corrado, Renato – *I marchi dei prodotti e dei servizi*, UTET, Torino, 1972, p. 235 e ss..
Correia, António Ferrer – *Lições de Direito Comercial*, Coimbra, 1973.
Correia, Miguel Pupo – *Direito Comercial – Direito da empresa*, 11ª ed., Lisboa, 2009.
Cruz, António Côrte-Real – *O conteúdo e extensão do direito à marca: a marca de grande prestígio*, em José de Oliveira Ascensão (coord.), *Direito Industrial*, vol. I, Coimbra. 2001.
Cruz, Jorge – *Relatório sobre Portugal*, AIPPI(A), 1990, IV.
Cruz, Rui Solnado da – *A marca olfactiva*, Coimbra, 2009.
Domingues, Luís Miguel Pedro – *A Função da Marca e o Princípio da Especialidade*, em José de Oliveira Ascensão (coord.), *Direito Industrial*, vol. IV, Coimbra, 2005.
Fernández-Nóvoa, Carlos – *Las funciones de la marca*, ADI, V, 1978, 33.
– *Fundamentos de Derecho de Marcas*, Madrid, 1984.
– *Tratado de Derecho de Marcas*, 2ª ed., Madrid, 2004.
Ferrão, Luís – *Marca comunitária*, Coimbra, 1999.
Ferreira, António Gomes – *Dicionário de latim-português*, Porto Editora, Porto, 1995.

ÍNDICE BIBLIOGRÁFICO

FRAMIÑAN SANTAS, JAVIER – *La nulidad de la marca solicitada de mala fe*, Granada, 2007.

GONÇALVES, JORGE NOVAIS – *A marca prestigiada no Direito Comunitário das marcas – a propósito da oposição à marca comunitária*, em JOSÉ DE OLIVEIRA ASCENSÃO (coord.), *Direito Industrial*, vol. V, Coimbra. 2008.

GONÇALVES, LUÍS COUTO – *Função distintiva da marca*, Coimbra, 1999.

– *A função da marca*, em JOSÉ DE OLIVEIRA ASCENSÃO (coord.), *Direito Industrial*, vol. II, Coimbra. 2002.

– *Manual de Direito Industrial – Propriedade industrial e concorrência desleal*, 3ª ed., Coimbra 2012.

GUGLIELMETTI, GIANNANTONIO – *Considerazione in tema di mechio di fatto e di concorrenza sleale*, RDI, 1953, II, p. 323 e ss..

JONES, TRACI L. – *Remedy holes and bottomless rights: a critique of the intent-to-use system of trademark registration*, em *Duke Law Journal – Law and contemporary problems*, vol. 59, nº 2, *(the Lanham Act after fifty years)*, pp. 159-180 (disponível em scholarship.law.duke.edu/).

JUSTO, ANTÓNIO SANTOS *Introdução ao estudo do direito*, 6ª ed., Coimbra, 2012.

LEITÃO, ADELAIDE MENEZES – *Estudo de Direito privado sobre a cláusula geral da concorrência desleal*, Coimbra, 2008.

LEITÃO, LUÍS MENEZES – *Direito das obrigações*, vol. III – *Contratos em especial*, 6ª ed., Coimbra, 2009.

LIMA, LOBO D'ÁVILA – *Da concorrência desleal*, Coimbra, 1910.

LLEWELYN, DAVID – *Vide* CORNISH, WILLIAM.

LOPES, JOAQUIM DE SEABRA – *Direito dos Registos e do Notariado*, 5ª ed., Coimbra, 2009.

LUCA, STEFANO DE – *Azioni cautelari e marchio non registrato*, RDC, 1985, II, p. 356 e ss..

MAGALHÃES, BARBOSA DE – *Do estabelecimento comercial: estudo de direito privado*, 2ª ed., Lisboa, 1951.

MASSAGUER FUENTES, JOSÉ La protección jurídica de la marca no inscrita, em (AA/VV – coord. BAYÓN CABOS) *Derecho de Marcas*, 2003, p. 47 e ss..

MATHÉLY, PAUL – *Le droit français des Signes Distinctifs*, Librarie du jornal des notaires et des avocats, Paris, 1984.

– *Le Noveau droit français des marques*, Vélizy, 1994.

MENDES, MANUEL OEHEN – *Direito Industrial – I*, Coimbra, Almedina, 1983/1984.

OLAVO, CARLOS – *Propriedade industrial – noções fundamentais*, CJ, ano XII, t. II, p. 22.

– *Introdução ao Direito Industrial*, em *Direito Industrial*, vol. V, Coimbra, 2005.

– *Propriedade Industrial, vol. I – Sinais distintivos do comércio, concorrência desleal*, 2ª ed., Coimbra, 2005.

Ono, Shoen – *Overview of japanese trademark law*, (Parte 2 – *Substantive trademark law*; capítulo 5 – *Establishment of trademark rights*), 2ª ed., Yuhikaku, 1999 (disponível em www.iip.or.jp/translation/ono/).

Parker, Bruce R. – *"Intent to Use": On the Road Toward Adoption of a Registration--Based System of Trademark Protection*, vol. 79, Trademark Reporter, 319, 1989 (disponível em heinonline.org).

Paúl, Patrício – *Concorrência Desleal*, Coimbra, 1965.

Pellisé Prats, Bonaventura – *Adquisición mediante registro, del derecho sobre la marca frente a derechos anteriores extraregistrables*, em *Nuevos desarrolos en propriedade Industrial*, Madrid, 1993, 15.

Rato, Gonçalo de Magalhães Moreira – *La protection des marques notoires et de haute renomnée au Portugal"*, Estrasburgo, 1988.

Serens, Manuel Nogueira – *A «Vulgarização» da Marca na Directiva 89/104/CEE, de 21 de Dezembro de 1988 (id est, no nosso direito futuro)*, Coimbra, 1995.

Silva, Pedro Sousa e – *O princípio da especialidade das marcas. A regra e a excepção: as marcas de grande prestígio*, ROA, Ano 58, I, Janeiro de 1998.
– *Direito industrial. Noções fundamentais*, Coimbra, 2012.

Sordelli, Luigi – *La concorrenza sleale*, em *Studi di diritto industriale*, 5, Milão, 1955.

Strasser, Mathias – *The Rational Basis of Trademark Protection Revisited:Putting the Dilution Doctrine into Context*, em *Intellectual Property, Media & Entertainment Law Journal*, vol X, book 2, winter 2000, p. 375 e ss (disponível em http://law2.fordham.edu/).

Troller, Allois – *Immaterialgüterrecht*, 3ª ed. Estugarda, 1968, pp. 932 e 937

Vicente, Dário Moura – *A tutela internacional da propriedade intelectual*, Coimbra, 2009.

ÍNDICE GERAL

NOTA PRÉVIA (AGRADECIMENTOS) — 7
CITAÇÃO DE ARTIGOS E JURISPRUDÊNCIA — 11
LISTA DE ABREVIATURAS — 13

§ 1º Introdução — 15
    1. Perspetiva de análise do tema — 15
    2. Identificação do problema — 17

CAPÍTULO I
Perspetiva panorâmica do problema — 21

SECÇÃO I
A aquisição do direito sobre a marca nos sistemas estrangeiros e internacionais — 21

§ 2º A aquisição do direito sobre a marca nos sistemas estrangeiros — 21
    3. Sistemas de matriz anglo-saxónica — 21
        3.1. Sistema norte-americano — 21
        3.2. Sistema do Reino Unido — 25
    4. Sistemas de matriz romano-germânica — 29
        4.1. Sistema alemão — 29
        4.2. Sistema francês — 30
        4.3. Sistema italiano — 31
        4.4. Sistema espanhol — 34
        4.5. Sistema dinamarquês — 36

§ 3º A aquisição do direito sobre a marca no sistema internacional de marcas 37
    5. Consideração geral 37
    6. O modo de aquisição do direito sobre a marca no sistema
       internacional de marcas 38

§ 4º A aquisição do direito sobre a marca no sistema da União Europeia 41
    7. Considerações gerais sobre a marca comunitária 41
    8. O registo como modo de aquisição do direito sobre a marca
       e a relevância do uso no sistema da União Europeia 42

SECÇÃO II
Os sistemas abstratos "use-based" e "registration-based"
e as valorações subjacentes 46

§ 5º Enquadramento dos sistemas concretos analisados nos sistemas
abstratos *"use-based"* e *"registration-based"* 46
    9. Caraterização dos dois sistemas abstratos de aquisição do direito
       sobre a marca 46
    10. Enquadramento dos sistemas concretos nos sistemas abstratos 50

§ 6º Valorações subjacentes aos sistemas *"use-based"* e *"registration-based"* 52

CAPÍTULO II
A aquisição do Direito sobre a marca no sistema português 57

§ 7º Consideração preliminar 57

§ 8º O registo e a aquisição do direito sobre a marca (a marca registada) 58
    11. Considerações gerais acerca do processo de registo 58
       11.1. O pedido de registo e o direito de prioridade 58
       11.2. O exame da marca registanda por parte do INPI:
            os fundamentos da recusa do registo 59
           11.2.1. Generalidades 59
           11.2.2. O uso da marca como causador da paralização de alguns
                  fundamentos de recusa do registo (*secondary meaning*) 60
    12. O registo como constitutivo do direito sobre a marca 62
       12.1. Considerações gerais 62
       12.2. O conteúdo do direito nascido com o registo 64

§ 9º Os efeitos jurídicos do uso da marca (a marca livre)	66
13. Considerações gerais	66
14. Casos de aquisição do direito sobre a marca pelo uso	67
14.1. A marca livre ordinária: o direito de prioridade nos primeiros seis meses de uso	67
14.2. A marca livre notória	70
14.3. A marca livre de prestígio	79
15. O uso da marca e a sua proteção reflexa por via do instituto da concorrência desleal	85
15.1. O regime do art. 239º/1, *e)*, conjugado com o art. 266º/1	85
15.2. A (quase) confluência entre o instituto da concorrência desleal e o direito sobre a marca. Consagração de um sistema quase-misto	89
15.3. Art. 239.º/1, *e)*: redundância normativa face ao instituto da concorrência desleal?	93
15.4. Apreciação crítica do regime	96
15.5. Proposta de regime	99
§ 10.º Direito sobre a marca livre *vs* direito sobre a marca registado	105
CONCLUSÕES	107
ÍNDICE DE JURISPRUDÊNCIA	113
ÍNDICE BIBLIOGRÁFICO	115